Verein zur Förderung der Forschungsstelle für Europäisches und Deutsches Lebens- und Futtermittelrecht an der Philipps-Universität zu Marburg e.V.

16. Marburger Symposium zum Lebensmittelrecht 2022

Lebensmittelverluste vermeiden, Lieferketten prüfen

Herausgeber
Verein zur Förderung der Forschungsstelle
für Europäisches und Deutsches
Lebens- und Futtermittelrecht an der
Philipps-Universität zu Marburg e.V.

Fachmedien Recht und Wirtschaft | dfv Mediengruppe | Frankfurt am Main

Schriftenreihe des Fördervereins der Marburger Forschungsstelle für Lebensmittelrecht; Tagungsband

Herausgeber: Verein zur Förderung der Forschungsstelle für Europäisches und Deutsches Lebens- und Futtermittelrecht an der Philipps-Universität zu Marburg e.V.

Erster Vorsitzender: RA Christof Crone
Sprecher der Forschungsstelle: Prof. Dr. Wolfgang Voit

Bibliografische Information Der Deutschen Nationalbibliothek

Die Deutsche Nationalbibliothek verzeichnet diese Publikation in der Deutschen Nationalbibliografie; detaillierte bibliografische Daten sind im Internet über http://dnb.de abrufbar.

ISBN 978-3-8005-1879-1

dfv Mediengruppe

© 2023 Deutscher Fachverlag GmbH, Fachmedien Recht und Wirtschaft, Frankfurt am Main
www.ruw.de

Das Werk einschließlich aller seiner Teile ist urheberrechtlich geschützt. Jede Verwertung außerhalb der engen Grenzen des Urheberrechtsgesetzes ist ohne Zustimmung des Verlages unzulässig und strafbar. Das gilt insbesondere für Vervielfältigungen, Bearbeitungen, Übersetzungen, Mikroverfilmungen und die Einspeicherung und Verarbeitung in elektronischen Systemen.

Druck: WIRmachenDRUCK GmbH, Backnang
Printed in Germany

Inhaltsverzeichnis

Vorwort VII

Die Nationale Strategie zur Reduzierung der Lebensmittelverschwendung – Sachstand und Ausblick 1
Dr. Anke Niederhaus

Ansätze in der Schweiz: Leitfaden zur Reduktion von
Lebensmittelverlusten bei der Abgabe von Lebensmitteln .. 6
Judith Deflorin

Das Mindesthaltbarkeitsdatum bei Lebensmitteln nach
neuem Recht 9
Michael Griese

Bericht aus der Praxis: Was das Lebensmittelrecht für die
Tafeln in Deutschland bedeutet 14
Sabine Felix und Dr. Kristine Görgen

Bericht aus der Praxis – was das Lebensmittelrecht für die
Tafeln in Deutschland bedeutet 20
Prof. Dr. Markus Grube

Lebensmittelabgabe an Tafeln: Rahmenbedingungen aus
Sicht der Verwaltung 30
Stephan Ludwig

Kann auf die Vernichtung beanstandeter Lebensmittel
verzichtet werden? 32
Prof. Dr. Ulrich Nöhle

Sorgfaltspflichten der Unternehmer nach dem
Lieferkettensorgfaltspflichtengesetz 34
Dr. Stephan Schäfer

Lieferkettensorgfaltspflichtengesetz – Umsetzung der
Sorgfaltspflichten in unmittelbar und mittelbar
betroffenen Unternehmen 59
Lena Meinders

Autoren und Herausgeber 63

Vorwort

Wie weit sind wir in Deutschland mit dem Versuch, die Lebensmittelverluste zu reduzieren? Der vorliegende Tagungsband zeigt im ersten Teil die Strategie in Deutschland auf und vergleicht die Maßnahmen mit denen der Schweiz. Als ein wichtiger Punkt wird in diesem Zusammenhang das Mindesthaltbarkeitsdatum genannt. Es ist einerseits relevant, weil Verbraucherinnen und Verbraucher es häufig als Endzeitpunkt der Verzehrmöglichkeit missverstehen. Es stellen sich aber auch kaufrechtliche Fragen, die auf der Grundlage des neuen Mangelbegriffs im Kaufrecht neu beantwortet werden müssen.

Wichtige Maßnahmen zur Reduzierung der Verluste sind die Abgabe an Spendenorganisationen. Dass dies sinnvoll ist, steht außer Frage. Es stellen sich aber eine Vielzahl von rechtlichen Fragen. Die Spendenorganisationen sind Lebensmittelunternehmer, so dass sie der Lebensmittelüberwachung unterliegen. Die abgebenden Unternehmen geben damit an Unternehmer ab, so dass Pflichten im B2B-Verkehr zu beachten sind. Neben einem Praxisbericht aus der Sicht der Tafeln und aus Sicht der Lebensmittelüberwachung finden Sie in diesem Tagungsband eine rechtliche Beurteilung aus Sicht der beratenden Anwaltschaft. Einen weiteren wichtigen, aber selten diskutierten Aspekt betrifft die Frage, ob beanstandete Lebensmittel stets vernichtet werden müssen, oder ob sie unter bestimmten Umständen doch verwendet werden dürfen.

Den Abschluss unseres Tagungsbandes bilden Fragen der Sorgfaltspflichten in der Lieferkette. Dazu finden Sie nicht nur Beiträge aus rechtlicher Sicht, sondern auch Vorschläge aus der Sicht der Beratung von Lebensmittelunternehmen.

Wir wünschen Ihnen viele interessante Einblicke in diese aktuellen und spannenden Fragen.

Christof Crone
Prof. Dr. Wolfgang Voit
Mai 2023

Die Nationale Strategie zur Reduzierung der Lebensmittelverschwendung – Sachstand und Ausblick

Dr. Anke Niederhaus

Die Reduzierung der Lebensmittelverschwendung stellt eine Herausforderung für alle Beteiligten dar, ist aber aus sozialer, ökonomischer und ökologischer Sicht unerlässlich. In Anbetracht des Hungers in der Welt und der Klimakrise sind wir verpflichtet, sorgsam mit unseren Lebensmitteln umzugehen. Der Anbau landwirtschaftlicher Erzeugnisse beansprucht wertvolle Ressourcen wie Wasser, Land, Energie. Bei der Produktion von Lebensmitteln werden außerdem Treibhausgase wie CO_2 freigesetzt – völlig umsonst, wenn diese Lebensmittel dann weggeworfen oder anderweitig der Lebensmittelversorgungskette entzogen werden. Die dadurch global verursachten Treibhausgasemissionen pro Jahr werden auf 4,4 Gigatonnen beziffert. Wenn alle diese Lebensmittelabfälle ein „Staat" wären, wären sie damit im Ranking dieser Staaten der drittgrößte Verursacher von Treibhausgasemissionen weltweit.

Mit der „Agenda 2030 für nachhaltige Entwicklung" der Vereinten Nationen hat sich die internationale Staatengemeinschaft zu dem Ziel bekannt, wirksam gegen Lebensmittelverschwendung vorzugehen. Das SDG 12.3 sieht vor, bis 2030 die weltweite Lebensmittelverschwendung pro Kopf auf Einzelhandels- und Verbraucherebene zu halbieren und die entlang der Produktions- und Lieferkette entstehenden Lebensmittelverluste einschließlich Nacherntverlusten zu verringern. Dieses Ziel kann nur gemeinsam mit allen Akteuren entlang der Lebensmittelversorgungskette erreicht werden.

Im Jahr 2020 fielen in Deutschland circa elf Millionen Tonnen Lebensmittelabfälle an – entlang der gesamten Lebensmittelversorgungskette von der Primärproduktion bis zu den privaten Haushalten. Dazu gehören neben übrig gebliebenen Speiseresten, also vermeidbaren Lebensmittelabfällen, z. B. auch nicht essbare Bestandteile wie Nuss- und Obstschalen, Kaffeesatz oder Knochen. Die vorgelagerten

Sektoren der Lebensmittelversorgungskette machen ungefähr 41 Prozent aus. Der Großteil der Lebensmittelabfälle entsteht mit ca. 59 Prozent in privaten Haushalten. Jeder Verbraucher und jede Verbraucherin wirft dort demnach etwa 78 Kilogramm Lebensmittel im Jahr weg.

Die Bundesregierung verfolgt die Nachhaltigkeitsziele der Agenda 2030 der Vereinten Nationen. Auch das von der EU festgelegte indikative Ziel der Verringerung von Lebensmittelabfällen bis 2025 um 30 Prozent und bis 2030 um 50 Prozent auf Handels- und Verbraucherebene soll erreicht werden. Der Koalitionsvertrag 2021 sieht insofern vor, gemeinsam mit allen Beteiligten die „Lebensmittelverschwendung verbindlich branchenspezifisch zu reduzieren und bei der Weitergabe von Lebensmittelspenden haftungsrechtliche Fragen zu klären und steuerrechtliche Erleichterungen zu ermöglichen".

Die *Nationale Strategie zur Reduzierung der Lebensmittelverschwendung* wird weiterentwickelt und gemeinsam mit allen Beteiligten entlang der Lebensmittelversorgungskette umgesetzt. Denn alle Akteure können und müssen dazu beitragen, die Lebensmittelabfälle zu reduzieren. Dafür wurden sektorspezifische Dialogforen eingerichtet, in denen z. B. effektive Maßnahmen entwickelt und getestet werden. Mit den Wirtschaftsbeteiligten sollen ambitionierte Zielvereinbarungen erarbeitet und auch die Schnittstellen unter anderem zu den Verbraucherinnen und Verbrauchern berücksichtigt werden.

Lebensmittelabfälle entstehen bereits im Sektor Primärproduktion sowie bei der anschließenden Verarbeitung. Die Dialogforen Primärproduktion und Verarbeitung verfolgen daher die systematische Verringerung von Lebensmittelabfällen und -verlusten in diesen Sektoren. Ziel der Dialogforen ist ein Netzwerk von kompetenten, richtungsweisenden und innovativen Unternehmen und Organisationen aufzubauen, die sich für eine deutliche und dauerhafte Reduzierung der Lebensmittelverschwendung engagieren. Mit dem Instrument der „Runden Tische" wurden die relevanten Akteure von der Deutschen Landwirtschafts-Gesellschaft (DLG) zusammengebracht und gemeinsam Ansatzpunkte für die Reduzierung der Lebensmittelverschwendung identifiziert – inklusive Demonstrationsvorhaben in geeigneten Betrieben. In den Projekten werden erfolgversprechende Ansätze und Interventionen identifiziert und durch Kooperation mit bereits in diesem Feld tätigen Akteuren getestet. Ihre Wirksamkeit wird mit Hilfe einer im

Die Nationale Strategie zur Reduzierung der Lebensmittelverschwendung

Rahmen der Projekte entwickelten einheitlichen Methode bewertet. Die daraus resultierenden guten Ansätze für effektive Interventionen zur Reduzierung der Lebensmittelverschwendung werden durch Vernetzung der Akteure innerhalb der Dialogforen mit regelmäßigen Netzwerktreffen weiterentwickelt. Auch sollen Optimierungsmöglichkeiten an Schnittstellen zu anderen Bereichen wie beispielsweise Groß- und Einzelhandel oder private Haushalte identifiziert werden. Das im Rahmen der Dialogforen aufgebaute Netzwerk soll langfristig Bestand haben und immer wieder neue Ideen und Anregungen hervorbringen, die Modellcharakter für die gesamte Branche haben, realisierbar sowie effektiv und effizient sind.

Dem Lebensmittelhandel wird bei der Reduzierung der Lebensmittelverschwendung eine besondere Bedeutung zugesprochen. Das Dialogforum Groß- und Einzelhandel versucht deshalb, auch hier Akzente zur Reduzierung von Lebensmittelverschwendung zu setzen und eine Zielvereinbarung mit konkreten Maßnahmen abzuschließen. Zum einen können Unternehmen das bestehende Optimierungspotenzial in den eigenen Betrieben und Märkten ausschöpfen. Andererseits können Händler als Brücke zwischen Verbrauchern und Verbraucherinnen und der Lebensmittelerzeugung in beide Richtungen auf Verbesserungen hinwirken. Auf diese Weise kann die Wertschätzung von Lebensmitteln gefördert und ein verantwortungsvollerer Umgang mit Lebensmitteln in der Gesellschaft gestärkt werden.

In der Außer-Haus-Verpflegung wird ebenfalls großes Potential bei der Vermeidung von Lebensmittelabfällen gesehen. Unternehmen der Branche wirken als Multiplikatoren gegenüber den eigenen Mitarbeitenden sowie den Kunden und Kundinnen. Im Dialogforum Außer-Haus-Verpflegung wurden parallel zu den Dialogveranstaltungen Demonstrationsvorhaben mit 12 Modellbetrieben durchgeführt. Dabei wurden die Lebensmittelabfälle in den Betrieben entlang des Produktionsprozesses zu verschiedenen Zeitpunkten erfasst und analysiert. Es wurde deutlich, dass bereits einfache Maßnahmen zu einer durchschnittlichen Reduzierung der Lebensmittelabfälle von 25 Prozent führen können. Auf dieser Basis konnten konkrete Handlungsempfehlungen entwickelt werden, die in die Zielvereinbarung zur Reduzierung von Lebensmittelabfällen in der Außer-Haus-Verpflegung eingeflossen sind, welche im April 2021 abgeschlossen wurde. Für die Organisation und Umsetzung der Zielvereinbarung bei den Unternehmen des Sektors wurde mit Förderung des Bundesministeriums für Ernährung und Landwirtschaft Anfang 2022 eine Kompetenzstelle eingerichtet.

Das Dialogforum private Haushalte entwickelt und testet schließlich Maßnahmen, die die Vermeidung der Lebensmittelverschwendung für private Haushalte einfacher und selbstverständlich machen. Diese fließen in die Weiterentwicklung von *Zu gut für die Tonne!* ein. *Zu gut für die Tonne!* soll soziale Normen hin zu einer klimafreundlicheren Ernährungsweise fördern und die Verbraucher und Verbraucherinnen unterstützen, Lebensmittel bedarfsgerecht einzukaufen, richtig zu lagern und restlos zu verwerten.

Zwei Beispiele: Das Bundesministerium für Ernährung und Landwirtschaft bietet kostenlos Unterrichtsmaterialien für Schüler und Schülerinnen und entsprechende Begleitmaterialien für Lehrkräfte an, die darüber aufklären, wie mit Lebensmitteln bewusst umgegangen werden kann. Zudem wurde die *Zu gut für die Tonne!* App neu aufgelegt. Sie stellt einfache Rezepte zur Verfügung, mit denen sich unkomplizierte Gerichte aus übrig gebliebenen Lebensmitteln zubereiten lassen. Mit *Zu gut für die Tonne!* werden außerdem die Ergebnisse und Aktivitäten zur Reduzierung der Lebensmittelverschwendung entlang der gesamten Lebensmittelversorgungskette kommuniziert. Im Rahmen dessen hat das Bundesministerium für Ernährung und Landwirtschaft vor wenigen Wochen mit dem *Zu gut für die Tonne!* – Bundespreis herausragende Projekte und ihre Initiatoren und Initiatorinnen ausgezeichnet, die mit ihren konkreten Ideen, Pioniergeist und großem Engagement dazu beitragen, Lebensmittelverschwendung zu reduzieren.

Um die im Koalitionsvertrag vereinbarte Verbindlichkeit der Reduzierung von Lebensmittelverschwendung herzustellen, prüft das Bundesministerium für Ernährung und Landwirtschaft auch die Erforderlichkeit gesetzlicher Änderungen. Dabei stehen steuerrechtliche Regelungen, aber auch haftungsrechtliche Fragestellungen zur Erleichterung der Weitergabe von überschüssigen Lebensmitteln, im Fokus.

Zum besseren Verständnis der lebensmittelrechtlichen Vorschriften wurden von der EU-Kommission sowie dem Bundesministerium für

Ernährung und Landwirtschaft Leitfäden zur Weitergabe von Lebensmittelspenden entwickelt und veröffentlicht. Diese verfolgen das Ziel, Lebensmittelspenden zu erleichtern, und geben neben allgemeinen Tipps insbesondere konkrete Hinweise, welche Lebensmittel gespendet werden dürfen. Damit sollen den Beteiligten und Unternehmen gesetzliche Pflichten und einzuhaltende Vorschriften leicht, verständlich und zugänglich vermittelt werden, um Spenden zu erleichtern und rechtskonformes Verhalten zu unterstützen.

Zusammenfassend möchte ich festhalten: In den letzten Jahren wurden viele Prozesse angestoßen und auf den Weg gebracht. Jetzt müssen aber auch konkrete Erfolge her und Lebensmittelabfälle nachhaltig und ambitioniert reduziert werden. Hierbei gibt es nicht die EINE Lösung. Vielmehr müssen alle Beteiligten von Produzenten bis zu den Verbraucherinnen über Politik und Verbände an einem Strang ziehen, um diese anspruchsvollen Ziele zu erreichen.

Ansätze in der Schweiz: Leitfaden zur Reduktion von Lebensmittelverlusten bei der Abgabe von Lebensmitteln

Judith Deflorin

Die Schweiz hat sich zum Ziel gesetzt, Lebensmittelabfälle bis zum Jahr 2030 zu halbieren. Das Bundesamt für Lebensmittelsicherheit und Veterinärwesen (BLV) hat die Züricher Hochschule für angewandte Wissenschaften (ZHAW) beauftragt, Entscheidungsgrundlagen für die Abgabe und die Datierung von Lebensmitteln zu erstellen. Die ZHAW hat dafür zwei Grundlagenberichte erstellt. Zum einen ist es der „Leitfaden zur Reduktion von Lebensmittelverlusten bei der Datierung von Lebensmitteln"[1], welcher konkrete Empfehlungen für die korrekte Wahl der Datierungsart gibt. Zum anderen der „Leitfaden zur Reduktion von Lebensmittelverlusten bei der Abgabe von Lebensmitteln"[2], welcher Betrieben, die Lebensmittel herstellen, in Verkehr bringen oder abnehmen eine Entscheidungsgrundlage liefert, um die Abgabe von Lebensmitteln im Sinne der Gewährleistung der Lebensmittelsicherheit sowie der Reduktion von Lebensmittelverlusten weiter zu optimieren. Wer Lebensmittel herstellt, entscheidet bei der Festlegung des MHD eher vorsichtig, damit das Lebensmittel bis zum angegebenen Datum die Qualitätsanforderungen garantiert erfüllt. Anhand wissenschaftlich fundierter Analysen der ZHAW wurden somit die Rahmenbedingungen für eine mögliche Ausweitung der Abgabe und des Spendens von Lebensmitteln nach Ablauf des MHD definiert, ohne dabei die Lebensmittelsicherheit zu gefährden.

---

1 Leitfaden zur Reduktion von Lebensmittelverlusten bei der Datierung von Lebensmitteln – Rechtliche Aspekte und Lebensmittelsicherheit (Grundlagenbericht), November 2021; https://digitalcollection.zhaw.ch/bitstream/11475/23508/3/2021_Spielmann-Prada-etal_BLV-Datierungsleitfaden.pdf.
2 Leitfaden zur Reduktion von Lebensmittelverlusten bei der Abgabe von Lebensmitteln – Rechtliche Aspekte und Lebensmittelsicherheit (Grundlagenbericht), November 2021; https://digitalcollection.zhaw.ch/bitstream/11475/23509/3/2021_Beretta-etal_BLV-Spendenleitfaden.pdf.

Leitfaden zur Reduktion von Lebensmittelverlusten bei der Abgabe von Lebensmitteln

Das Inverkehrbringen von Lebensmitteln nach Ablauf des MHD ist grundsätzlich erlaubt, sofern folgende Voraussetzungen erfüllt werden:

- Die Qualität, wie auch die Sicherheit des Lebensmittels ist gewährleistet, und
- Konsumentinnen und Konsumenten sind bei deren Abgabe nicht getäuscht.

Der Grundlagebericht „Leitfaden zur Reduktion von Lebensmittelverlusten bei der Abgabe von Lebensmitteln" zeigt, dass je nach Lebensmittelkategorie unterschiedliche „MHD+ Abgabegrenzen" möglich sind. MHD+ Abgabegrenzen sind Zeitangaben darüber, wie lange nach Ablauf des MHD Produkte bei korrekter Lagerung in der Regel noch bedenkenlos genießbar und sicher sind und folglich noch abgegeben werden können. Für Produkte wie z. B. Kleingebäck und pasteurisierte Milch ist eine MHD+ Abgabegrenze von 6 Tagen möglich. Bei Lebensmitteln wie z. B. Teigwaren und ungekühlt lagerbaren Getränken beträgt die MHD+ Abgabegrenze hingegen ca. 1 Jahr.

Sofern die Sicherheit gewährt ist, können auch Lebensmittel, welche von der Pflicht der Angabe eines MHD ausgenommen sind wie z. B. Backwaren, welche ihrer Art nach üblicherweise innerhalb von 24 Stunden nach der Herstellung verzehrt werden, ebenfalls nach dieser Periode abgegeben werden. Es muss allerdings auch hier entsprechend darüber informiert werden (z. B. „von gestern").

Im Gegensatz dazu dürfen Lebensmittel, welche mit einem Verbrauchsdatum versehen sind, nach Ablauf dieses Datums nicht mehr an Konsumentinnen und Konsumenten abgegeben werden (Anhang 1 Ziff. 6 LIV). Grundsätzlich zum Einfrieren geeignete Lebensmittel mit einem Verbrauchsdatum können zwecks Haltbarkeitsverlängerung spätestens bis am Tag des Ablaufs des Verbrauchsdatums fachkompetent eingefroren werden, sofern sie noch in einwandfreiem Zustand sind. Solche Lebensmittel müssen mit dem Einfrierdatum und einem MHD (Einfrierdatum + 90 Tage) gekennzeichnet werden. Es muss zusätzlich darauf hingewiesen werden, dass nach dem Auftauen die Lebensmittel innerhalb von 24 Stunden verzehrt werden sollen. Diese tiefgefrorenen Lebensmittel können bei Einhaltung der Tiefkühlkette an Konsumentinnen und Konsumenten abgegeben werden.

Judith Deflorin

Die im „Leitfaden zur Reduktion von Lebensmittelverlusten bei der Abgabe von Lebensmitteln" vorgeschlagenen MHD+ Abgabegrenzen stützen sich auf die momentan geltende Praxis der Lebensmittelbetriebe bei der Festlegung des MHD. Die MHD+ Abgabegrenzen müssten bei einer Praxisänderung erneut evaluiert werden. Das BLV ist diesbezüglich regelmäßig mit der Lebensmittelindustrie im Austausch.

Die MHD+ Abgabegrenzen ersetzen nicht die visuelle und – wenn möglich – sensorische Prüfung (Geruch, Geschmack, Farbe, Konsistenz usw.) der Produkte vor der Abgabe. Lebensmittelbetriebe haben weiterhin die Verantwortung sicherzustellen, dass die Lebensmittel bei der Abgabe nach Ablauf des MHD bedenkenlos genießbar und sicher sind. Eine sensorische Prüfung durch die Konsumentinnen und Konsumenten vor dem Verzehr ist ebenfalls empfohlen.

Rechtliche Grundlagen:

- Artikel 1, 7 und 18 des Bundesgesetzes über Lebensmittel und Gebrauchsgegenstände (LMG; SR 817.0)
- Artikel 8 und 12 der Lebensmittel- und Gebrauchsgegenständeverordnung (LGV; SR 817.02)
- Artikel 13 und 14 und Anhang 1 und 8 der Verordnung des EDI betreffend die Information über Lebensmittel (LIV; SR 817.022.16)
- Artikel 24 und 25 der Verordnung des EDI über die Hygiene beim Umgang mit Lebensmitteln (HyV, SR 817.024.1)

Das Mindesthaltbarkeitsdatum bei Lebensmitteln nach neuem Recht

Folgen der europäischen Rechtsangleichung für den Lebensmittelmarkt

Michael Griese

Ausgangssituation:

Zum Beginn des Jahres 2022 hat der deutsche Gesetzgeber zwei europäische Richtlinien in deutsches Recht umgesetzt, die das Kaufrecht innerhalb der Europäischen Union vereinheitlichen sollen. Eine dieser Richtlinien beschäftigte sich mit dem Verbraucherkaufrecht und sollte eine Verbesserung des Verbraucherschutzes herbeiführen. Bei der Umsetzung wurde neben vielen anderen Änderungen auch der Sachmangelbegriff des Kaufrechts geändert und an die Regelungen der Richtlinie angeglichen. Der Deutsche Gesetzgeber entschied sich dazu, den Sachmangelbegriff des § 434 BGB für das gesamte Kaufrecht, also auch für gewerbliche Verkäufe, entsprechend der Idee der Richtlinie anzupassen. Folglich gilt der neue Sachmangelbegriff für sämtliche Kaufverträge, die nach deutschem Recht geschlossen werden. Doch was hat dies nun für Auswirkungen speziell auf den Lebensmittelbereich?

Rechtliche Einordnung der Anpassungen des Sachmangelbegriffs:

Der bislang im BGB verankerte Sachmangelbegriff stützte sich im Wesentlichen auf allgemeine Formulierungen, die immer wieder von Gerichten ausgefüllt werden mussten. So war es hauptsächlich Gegenstand der Rechtsprechung im Einzelfall auszusagen, welche Kriterien dafür heranzuziehen wären, dass eine Sache noch der vereinbarten Beschaffenheit entsprach oder „für die gewöhnliche Verwendung geeignet" war. Die neue Formulierung beinhaltet nun dagegen bereits im Wortlaut einige konkrete Merkmale, an denen die vereinbarte Beschaffenheit zu messen sein soll. Dabei werden subjektive und objektive sowie Montageanforderungen genannt. Eine der objektiven Anforderungen ist ausdrückliche die „Haltbarkeit". Auch findet sich unter der „üblichen Beschaffenheit" ein ausdrücklicher Hinweis auf eine Äußerung „auf dem Etikett" der Ware. Und auch in den subjektiven Anforderungen liegt aufgrund von Wertungen in der EU-Gesetzgebung nahe, etwa unter den Stichworten „Qualität" und „sonstige Merkmale einer Sache" den Gesetzestext so anzusehen, dass eine Aussage über die Haltbarkeit eines Produktes auch hierunter zu fassen ist. Hierfür spricht etwa auch ein Vergleich mit der Formulierung der objektiven Anforderungen in § 434 Abs. 3 S. 2 BGB, in dem ausdrücklich die Haltbarkeit als „sonstiges Merkmal einer Sache" benannt wird.

Da das MHD zwingend auf Produkten bzw. auf dem Etikett abzubilden ist, stellt es eine Aussage über die Haltbarkeit des Produkts dar, also (wie es in der definitionsgebenden EU-Richtlinie heißt) über deren Fähigkeit, ihre charakteristischen Eigenschaften bis zum angegebenen Datum zu erhalten. Da diese nun ausdrücklich als Kriterium benannt ist, nach der die Beschaffenheit der Ware zu beurteilen ist, können bereits fehlerhafte Angaben zur Haltbarkeit in Gestalt des MHD zukünftig eine Berechtigung von Käufern darstellen (sowohl Endkunden als auch Käufer innerhalb der Lieferkette), eine Ware als mangelhaft anzusehen und entsprechende Ansprüche, wie etwa Schadensersatz, Wertminderung oder Rücktritt einzufordern. Ein tatsächlicher Sachschaden ist dann nicht notwendig. Es würde genügen, wenn nachweislich die Fähigkeit der Ware nicht besteht, ihre gewöhnliche Beschaffenheit bis zum angegebenen Zeitpunkt verlässlich einzuhalten. Nachweisbar ist dies etwa über lebensmittelchemische Gutachten und Laborauswertungen, die jedes Mitglied der Lieferkette auf Basis einer von der Ware gezogenen Stichprobe veranlassen kann.

Der europäische und deutsche Gesetzgeber wollten dem MHD zwar nicht den Status einer gesonderten Haltbarkeitsgarantie zusprechen und haben dies auch ausdrücklich in der Gesetzesbegründung angeführt. Eine Garantie ist allerdings von den Gewährleistungsansprüchen zu unterscheiden. Garantie kann nur eine Leistungszusage sein, die über das Gewährleistungsrecht hinaus eigene Rechte zuspricht. Durch die gesetzliche Umsetzung ist jedoch eine Regelung geschaffen worden, die das MHD entgegen früheren Ansätzen von einer bloßen informativen Haltbarkeitsangabe ohne Rechtsfolgen zu einem Beschaffenheitsmerkmal erhoben hat, welches gesetzliche Mängelgewährleistungsansprüche auslösen kann. Damit nimmt es einen Zwischenstatus zwischen der über das Gewährleistungsregime hinaus reichenden Garantie und der bloßen Information ein. Es wird zu einem Ansatzpunkt, der für sich genommen bereits das Vorliegen eines Sachmangels begründen kann.

Rechtliche Folgen der Änderungen:

Die Folge hiervon ist, dass eine fehlerhafte Angabe zum MHD nun nicht nur etwa bei Abgabe an den Endkunden über Verbraucherschutzverbände unter Aspekten des unlauteren Wettbewerbs abgemahnt werden kann. Auch in der Lieferkette haben, soweit deutsches Recht Anwendung findet, alle Käufer von vorverpackter Ware das Recht, sich auf die Angaben des MHD zu stützen und bei Anzeichen für eine fehlende Eigenschaft der Haltbarkeit bis zum Ablauf des MHD entsprechende Gewährleistungsrechte in Anspruch zu nehmen. Betroffen sind daher alle Unternehmen im hinteren Teil der Lieferkette, also Einzelhandel, Großhandel und ggfs. auch die Verpackungsbetriebe selbst, die für den Aufdruck des korrekten MHD auf der Lebensmittelverpackung zuständig sind.

Der Einordnung des Produkts als mangelhaft kann ein Unternehmen entrinnen, wenn es bei Verkauf eine sog. „negative Beschaffenheitsvereinbarung" mit dem Käufer abschließt (§ 476 Abs. 1 BGB). Das bedeutet, dass ausdrücklich schriftlich festgehalten werden muss, dass die Ware nicht der Haltbarkeit entspricht, wie sie ursprünglich vereinbart oder zu erwarten gewesen ist. Im Handel zwischen Unternehmern dürfte dies einfacher umzusetzen sein als im Verbrauchergeschäft, da die strenge Vorschrift des § 476 Abs. 1 BGB nur für Verbraucherkäufe gilt. Eine Beschaffenheitsvereinbarung könnte daher im unternehmerischen Geschäftsverkehr auch schon aus schlüssigem Handeln (konkludent) geschlossen werden. Es ist dennoch bereits aus Compliance-Gründen zu einer schriftlich dokumentierten Absicherung zu raten. Dies kann etwa dadurch umzusetzen sein, dass der Verkäufer den Käufer über etwaige Auffälligkeiten innerhalb der Lieferkette aufzuklären hat. Es entsteht somit quasi eine Aufklärungsobliegenheit für den Verkäufer, die der Rügeobliegenheit des Käufers entgegensteht.

Michael Griese

Praxisbeispiel:

So kann etwa ein tiefgekühlter Fisch, bei dessen Transport oder Lagerung die Kühltemperatur etwa wegen Stromausfalls nicht immer durchgehend eingehalten werden konnte, zwar grundsätzlich unter bestimmten Voraussetzungen noch in den Verkauf gelangen. Er wird allerdings nicht mehr über eine solche langlebige Haltbarkeit verfügen, die bei Einhaltung der Kühlkette gewährleistet gewesen wäre, etwa weil ein beigefügter Farbstoff unter der höheren Temperatur seine Farbkraft früher verliert. Damit träfe den Verkäufer des Fischs die Pflicht, seinen Käufer über die Vorfälle aufzuklären. Der Käufer kann dies dann nach Information entweder akzeptieren und eine negative Beschaffenheitsvereinbarung abschließen oder er beruft sich auf das Mängelgewährleistungsrecht und macht Minderungsansprüche geltend. Wird der Käufer nicht über die Auffälligkeiten aufgeklärt, kann er seine Ansprüche bis zum Ablauf der Verjährungsfrist gegenüber dem Verkäufer geltend machen.

Folgen für den Handel (stationär und online):

Der Verkauf von Produkten, deren MHD nahe bevorsteht, bleibt unter der Gesetzesänderung grundsätzlich weiterhin erlaubt. Durch die Anpassung des Sachmangelbegriffs ist es aber zwingend notwendig – vor allem im Verbrauchergeschäft – hierüber hinreichend aufzuklären. Die häufig in Supermärkten anzutreffenden Truhen mit Hinweis auf einen reduzierten Preis und die Assoziation mit baldigem Ablauf des MHD dürften hierfür nicht genügen, da die Abweichung zwischen den Parteien vereinbart werden muss. Es bedarf also eines ausdrücklichen und gut wahrnehmbaren Hinweises. Im stationären Handel kann die Eigenschaft beispielsweise auf der Produktbeschreibung oder einem Aushang an der Ware durch besondere Hervorhebung (farbliche Kennzeichnung, größere Schriftgröße, sonstige grafische Aufhebung) gekennzeichnet werden. Im Onlinehandel genügt es insoweit nicht, die Abweichung nur als eine von mehreren Eigenschaften der Kaufsache in der Produktbeschreibung anzuführen. Auch dort muss ebenfalls eine deutliche Kennzeichnung bei der Produktpräsentation erfolgen.

Folge der neuen Einordnung des MHD als Beschaffenheitsanforderung kann auch sein, dass Hersteller das Haftungsrisiko durch Anpassungen im Produktzyklus minimieren wollen. Es erscheint daher möglich, dass die MHD zukünftig kürzer als bisher gewohnt angesetzt werden. Da das MHD für eine Warenpartie durch den Hersteller des Endprodukts bzw. den Verpacker festgelegt wird, hat dieser in der Festlegung des MHD grundsätzlich Freiraum. Das MHD wird durch Produkttests in Optik, Sensorik und sonstigen Erscheinungsmerkmalen regelmäßig Testungen unterzogen, die die Haltbarkeit unter verschiedenen Bedingungen ermitteln. Ist ein Mittelwert ermittelt, wird hiervon regelmäßig ein Sicherheitspuffer abgezogen und dann das MHD verbindlich festgelegt. Hierbei wird oft darauf geachtet, das MHD möglichst lang ansetzen zu können, da haltbarere Lebensmittel durch den Verbraucher oft bevorzugt werden. Wird das MHD nun aus Gründen des Gewährleistungsrechts noch einmal auf einen geringeren Zeitraum festgelegt, könnte dies dazu führen, dass mehr Produkte weggeworfen werden, obwohl sie eigentlich noch genießbar sind. Dies läuft dem Gedanken einer Abkehr von einer „Wegwerf-Gesellschaft", wie sie von der Politik immer wieder propagiert wird, stark entgegen.

Fazit:

Es bleibt zu beobachten, ob und wie sich die Änderung des Mängelgewährleistungsrechts tatsächlich auf das Wegwerfverhalten der Konsumenten und den Umgang mit negativen Beschaffenheitsvereinbarungen im Lebensmittelhandel auswirkt. Zumindest auf rechtlicher Ebene besteht nunmehr mit der neuen Formulierung des § 434 BGB eine Grundlage, um die Mangelhaftigkeit von Lebensmitteln abseits ihrer tatsächlichen Eigenschaften anzunehmen. Die praktische Relevanz dieser Tatsache wird im Zweifel jedoch auch unter der nunmehr geltenden Rechtslage am Ende von Gerichten entschieden werden.

Für vertiefte Informationen zur rechtlichen Herleitung, zur Begründung der Eigenschaft des MHD als Produktanforderung und zu möglichen Ansätzen der Haftungsminimierung für Unternehmen empfehle ich die Lektüre meiner Abhandlung in der Zeitschrift für das gesamte Lebensmittelrecht (ZLR), Ausgabe 1/2022, S. 54 ff.

Bericht aus der Praxis: Was das Lebensmittelrecht für die Tafeln in Deutschland bedeutet

Sabine Felix und Dr. Kristine Görgen

Tafel Deutschland e. V. – Eine kurze Vorstellung

Tafel Deutschland unterstützt und vertritt in Zusammenarbeit mit 12 Landesverbänden über 960 Tafeln in Deutschland. Die Spanne reicht von Landesverbänden mit über 170 Tafeln (Nordrhein-Westfalen, Bayern) bis hin zu kleinen Landesverbänden mit unter 30 Tafeln (Mecklenburg-Vorpommern). Aufgrund der unterschiedlichen Größe und Ausstattung der Landesverbände sind Ansprüche und Voraussetzungen sehr abweichend.

Tafeln erhalten Lebensmittel- und Sachspenden, die im Wirtschaftsprozess nicht mehr verwendet werden und verteilen diese kostenlos oder gegen einen symbolischen Betrag an von Armut betroffene Menschen. Der Dachverband unterstützt mit Großspenden von Händlern und Herstellern, die überregional angeboten werden. Die Tafeln gelten als eine der größten sozialen Bewegungen Deutschlands und finanzieren sich fast ausschließlich über Spendengelder. Das Deutsche Zentralinstitut für soziale Fragen (DZI) hat dem Dachverband das DZI-Spenden-Siegel verliehen.

1. Spendenverteilung in der Praxis – Umsetzung der Verteilung im Alltag

Die Tafeln verteilen in erster Linie Lebensmittel, aber auch Sachspenden, die auf verschiedenen Wegen weitergegeben werden. So holen die Tafeln selbst in der jeweiligen Umgebung ab, erhalten aber zusätzlich auch Spenden, die dem Dachverband oder den Landesverbänden von Spendern angeboten oder von Ihnen akquiriert wurden.

Angenommen werden jegliche Lebensmittel, Hygieneprodukte und Artikel des täglichen Gebrauchs, so lange es sich nicht um alkoholische Getränke, Tabakwaren oder Produkte handelt, bei denen die Einhaltung der Kühlkette und/oder der Hygiene-Richtlinien nicht garantiert werden kann.

2. Welche Prozesse müssen bis zur Ausgabe an die Tafel-Kundschaft beachtet werden?

Um die Spenden vom Spender zu den Tafeln zu bringen und bis zur Ausgabe an die Tafel-Kundschaft entsprechend zu lagern, gibt es verschiedene Möglichkeiten. Bei dem Transport der Ware unterstützen die Spender freundlicherweise gelegentlich auch mit zusätzlicher Anlieferung der Produkte an eine begrenzte Anzahl an Adressen. Sofern eine Lieferung von Seiten des Spenders ausgeschlossen ist, muss je nach Entfernung eine Abholung durch den Dachverband über eine Spedition oder durch die Landesverbände selbst organisiert werden. Diese Option ist mit zusätzlichen Kosten verbunden und schließt in den meisten Fällen den Transport von Tiefkühlprodukten, Gefahrengut und Artikeln mit überschrittenem Mindesthaltbarkeitsdatum (MHD) aus.

Die Einlagerung der Spenden kann je nach Kapazitäten und regionaler Ausstattung in Tafel-eigenen Lagern, in externen Lagern, gemieteten oder gespendeten Stellplätzen erfolgen. Sofern es sich um eigene Stellplätze handelt, müssen die Räumlichkeiten je nach Ware gekühlt oder tiefgekühlt werden, Betriebskosten werden durch Spenden finanziert. Stellplätze in externen Lagern sind, ähnlich wie beim Transport, mit Auflagen verbunden und dürfen gegebenenfalls nicht für Produkte mit überschrittenem MHD oder Gefahrengut verwendet werden. Sofern Spenden aufgrund des überschrittenen MHDs oder aus anderen Gründen nicht mehr verteilt werden können, muss die jeweilige Tafel oder der Landesverband die Kosten für die Vernichtung selbst tragen.

Die Abgabe aller Spenden erfolgt unter Beachtung der Lebensmittelhygieneverordnung (LMHV) und des Infektionsschutzgesetzes. Alle Lebensmittel müssen daher gegebenenfalls sortiert und bis zur Ausgabe entsprechend der jeweiligen Vorgaben wie der Einhaltung der Kühlkette und Hygienevorschriften gelagert werden. Darüber hinaus sind die Tafeln dazu verpflichtet, Informationen zu Inhaltsstoffen und potentiellen Allergenen bereitzustellen.

Um die Ausgabe der Spenden möglichst unkompliziert umsetzen zu können, haben sich regional verschiedene Konzepte etabliert. Einige Tafeln liefern direkt bei der Tafel-Kundschaft an, die den Weg zur Ausgabestelle nicht mehr zurücklegen kann. Alternativ übernehmen einige Tafeln auch die Anlieferung an indirekte Tafel-Kundschaft, also soziale Einrichtungen, die ihrerseits Spenden ausgeben. Die bekanntere Alternative hierzu ist die Tafel selbst als Ausgabestelle, in der die Spenden von der Tafel-Kundschaft in einem bestimmten Zeitfenster abgeholt werden können. Besonders während der akuten Phase der Corona-Pandemie hat sich zudem teilweise etabliert, die Spenden vorab bereits entsprechend in Tüten zu packen, um die Ausgabe so zu beschleunigen und den Kontakt zu minimieren. Einige Tafeln verfügen über eigene Küchen, in denen gespendete Lebensmittel zubereitet und als fertige Mahlzeiten an die Tafel-Kundschaft ausgegeben werden können.

Bei der Spendenverteilung spielen zudem verschiedene Unterlagen eine Rolle, die Arbeitsprozesse rund um die Spendenverteilung, die nachgewiesene Eignung der Tafel-Mitarbeiter:innen für bestimmte Tätigkeiten, die Berechtigung der Tafel-Kundschaft oder die Buchhaltung betrifft. Auch Räume und Fahrzeuge bedürfen regelmäßiger und schriftlich nachgewiesener Überprüfung.

3. Rechtlicher Rahmen: Tafeln als Lebensmittelunternehmen

Verschiedene Texte des Lebensmittelsicherheitsrechts sind für die Arbeit der Tafeln relevant. Beim Spenden von Lebensmitteln sind Verordnung (EG) Nr. 178/2002 sowie das Lebensmittel-, Bedarfsgegenstände- und Futtermittelgesetzbuch (LFGB) relevant. Die Hygienevorschriften für bestimmte Produkte werden in Verordnung (EG) Nr. 852/2004 ergänzt durch Verordnung (EU) 2021/382, Verordnung (EG) Nr. 853/2004 sowie Verordnung (EU) 2017/625 (hebt Verordnung (EG) Nr. 854/2004 auf und ersetzt diese). Für MHD-Ware gilt Verordnung (EU) Nr. 1169/2011.

Gemäß Art. 3 Nr. 2 und 3 der Verordnung (EG) Nr. 178/2002 zur Festlegung der allgemeinen Grundsätze und Anforderungen des Lebensmittelrechts ist „Lebensmittelunternehmen" wie folgt definiert: *„alle Unternehmen, gleichgültig, ob sie auf Gewinnerzielung ausgerichtet* *sind oder nicht und ob sie öffentlich oder privat sind, die eine mit der Produktion, der Verarbeitung und dem Vertrieb von Lebensmitteln zusammenhängende Tätigkeit ausführen".* Demnach sind Tafeln Lebensmittelunternehmen und müssen im Hinblick auf die Verantwortlichkeit, Haftung, Rückverfolgbarkeit und Lebensmittelsicherheit den Anforderungen des EU-Lebensmittelrechts genügen.

Für alle Tafeln gelten außerdem die allgemeinen Hygienevorschriften für Lebensmittelunternehmer. Des Weiteren gelten für Tafeln alle Vorgaben zu Verfahren und Richtlinien über Lebensmittelhygiene und Hygienevorschriften für die Herstellung und das Inverkehrbringen von Erzeugnissen tierischen Ursprungs. Zudem müssen sich Tafeln an die Vorgaben zur Lebensmittelhygiene und Rückverfolgbarkeit von Lebensmitteln halten.

Zur Rückverfolgbarkeit von Lebensmitteln nutzen die Tafeln seit 2006 einen vereinfachten Lieferschein, der gemeinsam mit dem Ministerium für Ernährung und Landwirtschaft entwickelt wurde. Auch im aktuellsten „Leitfaden für die Weitergabe von Lebensmitteln. Rechtliche Aspekte" (BMEL, Auflage 3., erschienen 2021) findet man eine Empfehlung zur Nutzung des vereinfachten Lieferscheins für soziale Einrichtungen. Wichtig ist hierbei jedoch, dass die Umsetzung der zuständigen Behörde der Lebensmittelüberwachung vor Ort obliegt.

Neben der Nutzung des vereinfachten Lieferscheins setzen die Tafeln die vorgegebenen Standards unter anderem durch die Schulung ihrer ehrenamtlichen und angestellten Mitarbeiter:innen durch. HAACP-Schulungen müssen zu Beginn der Arbeitstätigkeit gemacht und danach regelmäßig aufgefrischt werden. Dafür arbeiten Tafeln mit lokalen Gesundheitsämtern zusammen.

Es ist festzuhalten, dass Tafeln sich essentiell von anderen Lebensmittelretter:innen unterscheiden. Zum einen haben Tafeln die Standards einzuhalten, die mit der rechtlichen Einstufung als Lebensmittelunternehmer einhergehen. Zum anderen haben Tafeln gleichzeitig eine soziale Mission und ehrenamtliche Strukturen und setzen sich dafür ein, dass mit überschüssigen Lebensmitteln Menschen unterstützt werden, die von Armut bedroht oder betroffen sind.

Sabine Felix und Kristine Görgen

4. Herausforderungen und Lösungsansätze

Nach nunmehr 30 Jahren, in denen sich Tafeln gegen Lebensmittelverschwendung einsetzen, ist das globale Ausmaß des Problems anerkannt worden. Das UN-Nachhaltigkeitsziel 12.3 besagt, dass „bis 2030 die weltweite Nahrungsmittelverschwendung pro Kopf auf Einzelhandels- und Verbraucherebene halbieren und die entlang der Produktions- und Lieferkette entstehenden Nahrungsmittelverluste einschließlich Nachernteverlusten verringert" werden soll. Die Nationale Strategie zur Reduzierung der Lebensmittelverschwendung besagt: „Ziel ist es, bis 2030 die Lebensmittelverschwendung in Deutschland pro Kopf auf Einzelhandels- und Verbraucherebene zu halbieren und die entlang der Produktions- und Lieferkette entstehenden Lebensmittelabfälle einschließlich Nachernteverlusten zu verringern".

Um diese ambitionierten Ziele zu erreichen, sind die bisherigen Bemühungen ungenügend und es ist äußerst unwahrscheinlich, dass die Umsetzung bis 2030 gelingt.

Als Tafeln verfolgen wir mehrere Ansätze, um Lebensmittelrettung zu steigern und zu stärken. Erstens kann durch die Digitalisierung des Lebensmittelspendenprozesses das Reporting und die Nachverfolgbarkeit von Waren vereinfacht werden. Hierfür hat das BMEL die Tafeln von 2019 bis 2022 mit dem Pilotprojekt „Tafel macht Zukunft – gemeinsam digital" unterstützt.

Zweitens könnte ein Lebensmittelspendengesetz, das die Abgabe von Lebensmitteln erleichtert und finanzielle Anreize schafft, zu einer Steigerung der geretteten Lebensmittelmengen führen. Zwei Modelle aus dem EU-Ausland sind hierbei interessant. In Frankreich wird mit Vorgaben und Bußgeldern gearbeitet. Das Gesetz fokussiert sich auf den Handel und führte, besonders zu Beginn, zu einer Belastung des wohltätigen Sektors. Dies war auch deshalb der Fall, weil entscheidende Begriffe nicht vorab definiert waren. In Italien wurden finanzielle Anreize für die gesamte Wertschöpfungskette geschaffen. Außerdem wurden alle relevanten Organisationen einbezogen und Kernbegriffe im Vorfeld von einem Runden Tisch definiert.

Es verbleiben offene Fragen zur möglichen Umsetzung eines Lebensmittelspendengesetzes; zum einen gilt es, die Kompatibilität mit EU-Richtlinien und die Vor- und Nachteile verschiedener Steueranreize zu prüfen. Zum anderen sollte sichergestellt werden, dass die Qualität der gespendeten Lebensmittel angemessen ist.

Quellenangabe:

- Bundesministerium für Ernährung und Landwirtschaft (2019). „Nationale Strategie zur Reduzierung der Lebensmittelverschwendung". Online aufgerufen unter https://www.bmel.de/SharedDocs/Downloads/DE/_Ernaehrung/Lebensmittelverschwendung/Nationale_Strategie_Lebensmittelverschwendung_2019.pdf?__blob=publicationFile&v=3
- Bundesministerium für Ernährung und Landwirtschaft (2021). „Leitfaden für die Weitergabe von Lebensmitteln. Rechtliche Aspekte". Auflage 3.
- United Nations Organisation (UNO). Nachhaltigkeitsziele. Online aufgerufen unter https://www.bundesregierung.de/breg-de/themen/nachhaltigkeitspolitik/die-un-nachhaltigkeitsziele-1553514

Bericht aus der Praxis – was das Lebensmittelrecht für die Tafeln in Deutschland bedeutet

Prof. Dr. Markus Grube

I. Bestehende lebensmittelrechtliche Herausforderungen bei der Abgabe von Lebensmitteln an Tafeln in Deutschland

Der Rechtsrahmen für die Abgabe von Lebensmitteln an Tafeln ist in Deutschland im Wesentlichen vom europäischen Lebensmittelrecht geprägt, da der deutsche Gesetzgeber nur an einer einzigen Stelle eine nationale lebensmittelrechtliche Regelung geschaffen hat, die die Abgabe von Lebensmitteln an Tafeln erleichtert.

1. Verordnung (EG) Nr. 852/2004

Seit einer Ergänzung der Verordnung (EG) Nr. 852/2004 im Jahre 2021 gelten nunmehr auf EU-Rechts-Ebene normativ ausdrücklich die folgenden Anforderungen an die sogenannte Umverteilung von Lebensmitteln[1]:

---

1 Folgende Begründungserwägungen der Änderungsverordnung sind erwähnenswert:
„*Verordnung (EU) 2021/382 der Kommission vom 3. März 2021 zur Änderung der Anhänge der Verordnung (EG) Nr. 852/2004 des Europäischen Parlaments und des Rates über Lebensmittelhygiene hinsichtlich des Allergenmanagements im Lebensmittelbereich, der Umverteilung von Lebensmitteln und der Lebensmittelsicherheitskultur:*
(5) Die Strategie ‚Vom Hof auf den Tisch' für ein faires, gesundes und umweltfreundliches Lebensmittelsystem, die von der Kommission angenommen wurde, ist ein Schlüsselelement der Initiative für einen europäischen Grünen Deal. Die Verringerung der Lebensmittelverschwendung ist eines der Ziele der Strategie ‚Vom Hof auf den Tisch', die auch zur Verwirklichung einer Kreislaufwirtschaft beitragen wird. Mit der Umverteilung von Lebensmittelüberschüssen für den

„Anhang II VO (EG) Nr. 852/2004 – KAPITEL Va – Umverteilung von Lebensmitteln:

Lebensmittelunternehmer dürfen Lebensmittel unter folgenden Bedingungen zum Zweck von Lebensmittelspenden umverteilen:

1. Die Lebensmittelunternehmer überprüfen routinemäßig, ob die unter ihre Verantwortung fallenden Lebensmittel nicht gesundheitsschädlich und ob sie gemäß Artikel 14 Absatz 2 der Verordnung (EG) Nr. 178/2002 für den Verzehr durch den Menschen geeignet sind. Fällt die Überprüfung zufriedenstellend aus, können die Lebensmittelunternehmer die Lebensmittel im Einklang mit Nummer 2 umverteilen:

– im Fall von Lebensmitteln, für die gemäß Artikel 24 der Verordnung (EU) Nr. 1169/2011 ein Verbrauchsdatum gilt, vor Ablauf dieses Datums;

– im Fall von Lebensmitteln, für die gemäß Artikel 2 Absatz 2 Buchstabe r der Verordnung (EU) Nr. 1169/2011 ein Mindesthaltbarkeitsdatum gilt, bis zu und nach diesem Datum oder

– im Fall von Lebensmitteln, für die gemäß Anhang X Nummer 1 Buchstabe d der Verordnung (EU) Nr. 1169/2011 kein Mindesthaltbarkeitsdatum vorgeschrieben ist, zu jedem beliebigen Zeitpunkt.

2. Lebensmittelunternehmer, die die unter Nummer 1 genannten Lebensmittel handhaben, bewerten, ob die Lebensmittel nicht gesundheitsschädlich sind und für den Verzehr durch den Menschen geeignet sind, wobei sie mindestens Folgendes berücksichtigen:

– das Mindesthaltbarkeitsdatum oder das Verbrauchsdatum, wobei gewährleistet sein muss, dass die verbleibende Haltbarkeitsdauer

---

menschlichen Verzehr, insbesondere durch Lebensmittelspenden in Fällen, in denen dies unbedenklich ist, wird sowohl gewährleistet, dass essbare Lebensmittelressourcen für den Zweck mit der höchsten Wertschöpfung verwendet werden, als auch, dass Lebensmittelverschwendung vermieden wird.

(6) Am 27. September 2018 nahm die Behörde ein zweites wissenschaftliches Gutachten zu Ansätzen für die Gefahrenanalyse für bestimmte kleine Einzelhändler und Lebensmittelspenden an. Laut diesem Gutachten bringen Lebensmittelspenden auf der Ebene des Einzelhandels mehrere neue Herausforderungen für die Lebensmittelsicherheit mit sich, weshalb darin mehrere zusätzliche allgemeine Hygienevorschriften empfohlen werden. Daher müssen bestimmte Vorschriften festgelegt werden, um die Umverteilung von Lebensmitteln zu fördern und zu erleichtern und gleichzeitig ihre Sicherheit für die Verbraucher zu gewährleisten."

ausreicht, um eine sichere Umverteilung und Verwendung durch den Endverbraucher zu ermöglichen;
- *gegebenenfalls die Unversehrtheit der Verpackung;*
- *die ordnungsgemäßen Lager- und Beförderungsbedingungen, einschließlich der geltenden Temperaturanforderungen;*
- *gegebenenfalls das Datum des Einfrierens gemäß Anhang II Abschnitt IV Nummer 2 Buchstabe b der Verordnung (EG) Nr. 853/2004 des Europäischen Parlaments und des Rates;*
- *die organoleptischen Bedingungen;*
- *die Gewährleistung der Rückverfolgbarkeit gemäß der Durchführungsverordnung (EU) Nr. 931/2011 der Kommission bei Erzeugnissen tierischen Ursprungs."*

Weiterhin existieren verschiedene Begleitdokumente und Auslegungshilfen, von denen insbesondere die Bekanntmachung der Europäischen Kommission 2020/C 199/01 mit einem „Leitfaden für Managementsysteme für Lebensmittelsicherheit im Lebensmitteleinzelhandel, einschließlich Lebensmittelspenden" zu erwähnen ist.

2. Die Tafel als Lebensmittelunternehmer

Die vorgenannten Regelungen richten sich an den „Umverteiler" von Lebensmitteln an Verbraucher in seiner Rolle als Lebensmittelunternehmer. Dies bedeutet, dass der europäische Gesetzgeber davon ausgeht, dass die Tafeln Lebensmittelunternehmer im rechtlichen Sinne darstellen.

Es gilt definitionsgemäß ein weites Begriffsverständnis des „Lebensmittelunternehmers". Gemäß Art. 3 Nr. 2 und 3 der Verordnung (EG) Nr. 178/2002 zur Festlegung der allgemeinen Grundsätze und Anforderungen des Lebensmittelrechts, zur Errichtung der Europäischen Behörde für Lebensmittelsicherheit und zur Festlegung von Verfahren zur Lebensmittelsicherheit gelten die folgenden Begriffsdefinitionen:

„Lebensmittelunternehmen" = „alle Unternehmen, gleichgültig, ob sie auf Gewinnerzielung ausgerichtet sind oder nicht und ob sie öffentlich oder privat sind, die eine mit der Produktion, der Verarbei-

tung und dem Vertrieb von Lebensmitteln zusammenhängende Tätigkeit ausführen";

„Lebensmittelunternehmer" = *„die natürlichen oder juristischen Personen, die dafür verantwortlich sind, dass die Anforderungen des Lebensmittelrechts in dem ihrer Kontrolle unterstehenden Lebensmittelunternehmen erfüllt werden ".*

Die Begriffsbestimmungen machen deutlich, dass es auf bestimmte Betriebsformen grundsätzlich nicht ankommen soll, also beispielsweise die Rechtsform einer Organisation, die bei deren Bewertung als Lebensmittelunternehmen keine Rolle spielen soll.

Dabei gilt gemäß Ziffer 3.8 des Leitfadens für die Durchführung einzelner Bestimmungen der Verordnung (EG) Nr. 852/2004 über Lebensmittelhygiene:

„Vorgänge wie die gelegentliche Handhabung, Zubereitung und Lagerung von Lebensmitteln sowie die Speisenzubereitung durch Privatpersonen bei kirchlichen oder schulischen Veranstaltungen, bei Dorffesten usw. fallen nicht in den Geltungsbereich der Verordnung. Dies geht aus Erwägungsgrund 9 der Verordnung (EG) Nr. 852/2004 hervor. Dort heißt es im zweiten Satz:

‚[Die Gemeinschaftsvorschriften sollten] nur für Unternehmen gelten, wodurch eine gewisse Kontinuität der Tätigkeiten und ein gewisser Organisationsgrad bedingt ist.'

Der Ausdruck ‚Unternehmen' ist in der Definition von ‚Lebensmittelunternehmen' enthalten (gemäß Artikel 3 Nummer 2 des Allgemeinen Lebensmittelrechts (Verordnung (EG) Nr. 178/2002) ist ein ‚Lebensmittelunternehmen' ein ‚Unternehmen'). Wer gelegentlich und im kleinen Rahmen Lebensmittel handhabt, zubereitet, lagert oder Speisen zubereitet (z. B. Kirchen, Schulen oder anlässlich von Dorffesten und anderen Ereignissen, wie etwa Wohltätigkeitsveranstaltungen, für die freiwillige Helfer Lebensmittel zubereiten), kann nicht als ein ‚Unternehmen' angesehen werden und unterliegt daher nicht den Hygienevorschriften der Gemeinschaft."

Das EFSA-Dokument „Hazard analysis approaches for certain small retail establishments and food donations: second scientific opinion"[2]

---

2 Angenommen am 27. September 2018 – doi: 10.2903/j.efsa.2018.5432, Seite 25.

macht deutlich, dass der europäische Gesetzgeber davon ausgeht, dass die Tafeln als „recipients" von Lebensmittelspenden Lebensmittelunternehmer im rechtlichen Sinne darstellen:

„Non-profit redistribution organisations and charity organisations are involved in redistributing these foods to the final consumer. The donors and recipients are considered to be food business operators and a FSMS has to be in operation."

Durch die Einstufung der Tafeln als Lebensmittelunternehmer kommt es zu einer nahezu vollständigen Gleichbehandlung der Tafeln mit klassischen, auf Gewinnerzielung ausgerichteten Lebensmittelunternehmen.

Die einzige auf europäischer Ebene normierte (scheinbare) Erleichterung für die sogenannte Umverteilung von Lebensmitteln beschränkt sich auf die Möglichkeit der Abgabe von Lebensmitteln nach Ablauf des deklarierten Mindesthaltbarkeitsdatums. Bei näherer Betrachtung wird jedoch sehr schnell klar, dass dies auch schon vor der Ergänzung der Allgemeinen Hygieneverordnung allen Lebensmittelunternehmen, also auch klassischen, auf Gewinnerzielung ausgerichteten Lebensmittelunternehmen möglich war und weiterhin ist (wobei Handelsunternehmen von dieser Möglichkeit in der Regel keinen Gebrauch machen).

Gerade die aufwändigen Pflichten im Zusammenhang mit der Dokumentation der Rückverfolgbarkeit von Lebensmitteln obliegen den beteiligten Akteuren, also den spendenden Lebensmittelunternehmen im Verbund mit den Tafeln.

3. Bestehende Privilegierung der Tafeln im deutschen Lebensmittelrecht

Die einzige normative Privilegierung der Tafeln nach dem deutschen Lebensmittelrecht enthält die Verordnung zur Durchführung unionsrechtlicher Vorschriften betreffend die Information der Verbraucher über Lebensmittel (Lebensmittelinformations-Durchführungsverordnung – LMIDV), wonach Lebensmittel, die im Hinblick auf ihren unmittelbaren Verkauf vorverpackt und Endverbrauchern zur Selbstbedienung angeboten werden, mit Ausnahme der stets obligatorischen Allergeninformationen, keine weitere Kennzeichnung tragen müssen, wenn sie zu karitativen Zwecken abgegeben werden.[3] Diese Regelung betrifft die sogenannten Pre-Packs, welche nur ein sehr kleines Marktsegment im Bereich von in der Regel kühlpflichtigen Frischwaren, wie Wurst- oder Käseaufschnitt, betreffen.

4. Zwischenfazit

Zusammenfassend lässt sich an dieser Stelle sagen, dass das europäische Lebensmittelrecht keine relevante Privilegierung der Tafeln bei der Umverteilung von Lebensmitteln enthält und das nationale deutsche Recht lediglich den Sonderfall der sogenannten Pre-Packs zugunsten der karitativen Organisationen regelt, wobei es sich jedoch um eine Ausnahme mit sehr geringer praktischer Relevanz handelt.

Damit steht die regulatorische Umsetzung in starkem Widerspruch zu den politischen Bekundungen auf nationaler und europäischer Ebene, die Arbeit der spendenden Unternehmen und der Tafeln bei der Umverteilung von Lebensmitteln zu erleichtern.

---

3 Vgl. § 4 Abs. 1 LMIDV – Besondere Vorschriften für die Kennzeichnung von nicht vorverpackten Lebensmitteln beim Inverkehrbringen oder Abgeben:
„(1) Lebensmittel, die im Hinblick auf ihren unmittelbaren Verkauf vorverpackt und Endverbrauchern zur Selbstbedienung angeboten werden, dürfen durch den Verantwortlichen nach Artikel 8 Absatz 1 oder Absatz 4 Satz 2 der Verordnung (EU) Nr. 1169/2011 nur in den Verkehr gebracht werden oder durch den Verantwortlichen nach Artikel 8 Absatz 3 der Verordnung (EU) Nr. 1169/2011 nur abgegeben werden, wenn sie mit den Angaben nach Artikel 9 Absatz 1 Buchstabe a bis d und f bis k und nach Artikel 10 Absatz 1 der Verordnung (EU) Nr. 1169/2011 gekennzeichnet sind. Bei Lebensmitteln, die über Automaten oder automatisierte Anlagen in den Verkehr gebracht werden, können die Angaben nach Satz 1 auf einem Schild an dem oder in der Nähe des Automaten oder der automatisierten Anlage angebracht werden. Satz 1 gilt nicht
1. für Dauerbackwaren und Süßwaren, die in der Verkaufsstätte im Hinblick auf ihren unmittelbaren Verkauf vorverpackt werden, sofern die Unterrichtung des Verbrauchers über die Angaben nach Satz 1 auf andere Weise gewährleistet ist, und
2. für Lebensmittel, die zu karitativen Zwecken abgegeben werden."

II. Lösungsmöglichkeiten

Lösungsmöglichkeiten bieten sich auf verschiedenen Ebenen, nämlich auf der Ebene des reinen Vollzugs ohne Änderung der Gesetzeslage einerseits, als auch andererseits im Wege einer Änderung des geltenden Lebensmittelrechts.

1. Tolerierung von leichteren Deklarationsfehlern

Die EU-Mitgliedstaaten Frankreich und Italien haben nationale Regelungen geschaffen, die die Abgabe von Lebensmitteln mit Deklarationsfehlern unter bestimmten Bedingungen erlauben.

Der Anteil von vorverpackten Lebensmitteln mit Deklarationsfehlern bzw. Fehldrucken ist erheblich, wobei aus Sicht des deutschen Bundesministeriums für Ernährung und Landwirtschaft Deklarationsfehler auf vorverpackten Lebensmitteln grundsätzlich nicht im Wege einer zu beantragenden und behördlicherseits zu erteilenden Ausnahmegenehmigung für einen Abverkauf von vorproduzierter Ware geheilt werden können.

Wichtig ist, dass auch aus Sicht des Verfassers keine Deklarationsfehler tolerabel sind, die die Lebensmittelsicherheit betreffen. Lebensmittelsicherheitsrechtlich relevante Informationselemente sind zum einen die Information über allergene Stoffe und zum anderen die Information über das Verbrauchsdatum (nicht jedoch das Mindesthaltbarkeitsdatum).

Zu bedenken ist darüber hinaus, dass bestimmte Informationsfehler bei einem regulären Verkauf von Lebensmitteln an Verbraucher die kommerziellen Interessen der Verbraucher relevant berühren können. Dies sind beispielsweise unzutreffende Füllmengenangaben zum Nachteil der Verbraucher oder Unrichtigkeiten im Zusammenhang mit der Bezeichnung eines Lebensmittels.

Kommerzielle Interessen der Verbraucher sind jedoch bei der Abgabe von Lebensmitteln durch Tafeln – je nach Abgabemodell (vollständig kostenlos oder Abgabe gegen geringe „Gebühr") – nicht oder so gut wie nicht betroffen, sodass auch diese Deklarationsfehler, die normalerweise für die Kaufentscheidung der Verbraucher relevant wären, bei der vorliegenden Betrachtung tolerabel sein können.

Es sollte daher darüber nachgedacht werden, inwieweit nicht bestimmte Deklarationsfehler bei der Umverteilung von Lebensmitteln toleriert werden können. Zu denken ist an leichtere und auch formale Abweichungen, die Sichtfeldregelungen, Schriftgrößen oder auch nachrangige Aspekte der Zutatendeklaration oder Bezeichnung von Lebensmitteln betreffen. Denn – wie gesagt – die Abgabe von Lebensmitteln mit bestimmten Deklarationsfehlern wird die kommerziellen Interessen der Verwender der Produkte nicht betreffen.

Die Einholung von Erlaubnissen zur Abgabe dieser Produkte wird regelmäßig neben dem hohen bürokratischen Aufwand auch zu zeitlichen Verzögerungen führen, die eine Verwertung von Lebensmitteln mit kürzerer Haltbarkeit unmöglich werden lassen. Zu denken ist daher an die Erstellung eines Kataloges mit Fallbeispielen, welcher eine Verwertung von Produkten mit Deklarationsfehlern auch ohne behördliche Erlaubnis ermöglicht, sobald sich ein Produkt einem bestimmten, definierten Regelbeispiel zuordnen lässt.

2. Rechtliche Gleichstellung der Tafeln mit Endverbrauchern

Nach dem nationalen italienischen Lebensmittelrecht werden bestimmte gemeinnützige bzw. karitative Organisationen wie die Tafeln offenbar rechtlich dem Endverbraucher gleichgestellt. Damit entfällt für die Tafeln in Italien eine Vielzahl von lebensmittelrechtlichen Herausforderungen.

Von Bedeutung ist insoweit beispielsweise, dass bei der Abgabe der Lebensmittel an die Tafeln die rechtlichen Vorgaben für die Rückverfolgbarkeit von Lebensmitteln nicht mehr gelten würden, wenn den Tafeln rechtlich der Status eines Endverbrauchers zukäme. Gemäß Art. 1 Abs. 1 Buchst. a) der Verordnung (EG) Nr. 852/2004 trägt die Hauptverantwortung für die Sicherheit eines Lebensmittels der Lebensmittelunternehmer. Nach Art. 3 der genannten Verordnung stellen die Lebensmittelunternehmer sicher, dass auf allen ihrer Kontrolle unterstehenden Produktions-, Verarbeitungs- und Vertriebsstufen von Lebensmitteln die einschlägigen Hygienevorschriften der Verordnung erfüllt sind.

Mit einer „Freistellung" der Tafeln vom Status des Lebensmittelunternehmers wäre daher ebenfalls eine erhebliche Haftungserleichterung verbunden.

Gleichzeitig käme es wohl nicht zu einer Verstärkung der Haftung der Lebensmittel spendenden Unternehmen, da diese auch bei der direkten Abgabe an Endverbraucher, die Produkte regulär im Handel käuflich erwerben, nur insoweit in der Sanktionshaftung (Ordnungswidrigkeitenrecht und Strafrecht) stehen, als ein Produktfehler auf ein schuldhaftes Fehlverhalten oder eine zu verantwortende Unregelmäßigkeit des Einzelhandels zurückzuführen ist.

Inwieweit dieser nationale Regelungsansatz mit dem vorrangig geltenden Europarecht vereinbar ist, müsste gesondert geprüft werden. Das Beispiel Italiens zeigt jedoch, dass rechtskonforme Regelungsmöglichkeiten zumindest denkbar zu sein scheinen.

III. Fazit

Tafeln werden im europäischen Lebensmittelrecht konventionellen, d.h. kommerziell tätigen Lebensmittelunternehmen gleichgestellt. Diese Gleichstellung begründet für die Tafeln einen lebensmittelrechtlichen Pflichtenkreis, der mit den gemeinnützigen Aufgabenstellungen einerseits, aber andererseits auch den Möglichkeiten bzw. Ressourcen, die den Tafeln zur Verfügung stehen, kaum vereinbar ist.

Ein wesentlicher Beitrag zur Erleichterung der operativen Herausforderungen, denen Tafeln heute in Deutschland gegenüberstehen, kann das nationale Lebensmittelrecht leisten, indem es die Anforderungen an die Lebensmittelinformation entspannt, jedenfalls soweit die betreffenden Lebensmittelinformationselemente nicht gesundheitsrelevant sind.

Von besonderer Bedeutung kann die Gleichstellung der Tafeln mit Endverbrauchern sein. Dieses Modell müsste einer tiefergehenden europarechtlichen Prüfung unterzogen werden, wobei das Beispiel Italiens die Machbarkeit zumindest nahelegt. Dieses Modell wäre – vorbehaltlich einer näheren Prüfung – wohl auch weder zum Nachteil der Kunden der Tafeln, noch zum Nachteil der abgebenden, kommerziell tätigen Lebensmittelunternehmen.

Lebensmittelabgabe an Tafeln: Rahmenbedingungen aus Sicht der Verwaltung

Stephan Ludwig

Die Europäische Kommission hat am 14.07.2021 das Klima- und Nachhaltigkeitskonzept des Green Deal angenommen. Dies beinhaltet insbesondere auch die global bedeutenden Ziele Umwelt- und Klimaschutz sowie Nachhaltigkeit. Informationen u. a. zu verschiedenen Maßnahmen mit einem Zeitplan finden sich auf den Internetseiten der EU: https://ec.europa.eu/info/strategy/priorities-2019-2024/european-green-deal_en

Der Green Deal umfasst ebenso die Strategien „Vom Hof auf den Teller" oder auch „Farm-to-Fork" mit den Berührungspunkten Tier- und Pflanzengesundheit, Tierschutz, Lebensmittelsicherheit, Gesundheitsschutz und dem Ziel insbesondere sicherer sowie gesunder Lebensmittel. Der Green Deal steht somit auch für den sogenannten „One Health"-Ansatz mit dem Ziel einer nachhaltigen Balance und Optimierung von Gesundheitsschutz von Mensch und Tier sowie des Ökosystems. Ferner beinhalten die Nachhaltigkeitsziele gleichzeitig die Vermeidung von Lebensmittelverlusten. In diesem Zusammenhang schlägt ein jährliches Verwerfen von ca. 11 Mio. Tonen Lebensmittel in der BRD, annähernd 60 % dabei von Verbrauchern, zu Buche.

Vor diesem Hintergrund wurden bei den letzten Lebensmittelrechtstagungen entsprechende Diskussionen über das Spannungsfeld bzw. vermeintliche Kontroversen von Lebensmittelsicherheit und einer Vermeidung von Lebensmittelverlusten erwartet. Unausgesprochen und teils ausgesprochen steht dabei auch der Vorwurf im Raum, dass die Überwachungsbehörden Lebensmittel zu frühzeitig als unsicher bewerten und damit zu stringente Maßstäbe anlegen. Derartig empfindliche Diskussionen sind nach der Wahrnehmung des Verfassers dabei weitgehend ausgeblieben. Ein Grund dafür kann sein, dass bei behördlichen Entscheidungen auch bislang entsprechende Nachhaltigkeits-Rechtsgüter im Rahmen der Verhältnismäßigkeit wahrgenommen wurden. Anderseits lassen sich selbstredend behördliche

Einzelentscheidungen finden, die bei nachträglicher, ggf. gerichtlicher Betrachtung zu weitreichend waren bzgl. Lebensmittelsicherheitsbeanstandungen. Unabhängig von den Einzelfallentscheidungen für ein angemessen hohes Gesundheitsschutzniveau nach dem primären Normschutzziel gemäß Art. 168 AEUV sind die Organe der Lebensmittelüberwachung, wie z. B. Ministerien und Vollzugsbehörden, beispielsweise auch in Programme zur Vermeidung von Lebensmittelverlusten sowie Verpackungsmaterial aus o. g. Gründen eingebunden bzw. nehmen entsprechende Beratungsaufgaben vor Ort wahr, vgl. das Programm des BMEL „Zu gut für die Tonne".

Mit der Verordnung (EU) 2021/382 der Kommission vom 3. März 2021 wurde in jüngerer Vergangenheit noch die Verordnung (EG) 852/2004 novelliert, indem u. a. Regelungen für eine Lebensmittelabgabe für wohltätige Zwecke implementiert wurden, zu den bislang bestehenden Leitlinien u. Ä.

Vor diesem Hintergrund wurden im Vortrag die aktuellen Entwicklungen zu den Lebensmittelsicherheitsbewertungen mit Bezug zu den Nachhaltigkeitszielen aus Sicht einer Lebensmittelüberwachungsbehörde beleuchtet. Dabei wird insbesondere auf die Arbeit der Tafeln Bezug genommen und Vergleiche mit ähnlichen Initiativen wurden vorgenommen.

Kann auf die Vernichtung beanstandeter Lebensmittel verzichtet werden?

Prof. Dr. Ulrich Nöhle

In der EU gibt es inzwischen ausreichende Rechtsvorschriften und Leitlinien, um rechtssicher entscheiden zu können, ob ein beanstandetes Lebensmittel ggf. nach Bearbeitung oder geänderter Kennzeichnung wieder in den Verkehr gebracht werden kann. Dieses ist stets der Fall, wenn das Lebensmittel sowohl sicher i. S. der BasisVO 178/2002 als auch zum menschlichen Verzehr geeignet und richtig gekennzeichnet ist. Hier wird allerdings schon erkennbar, dass die überwiegende Anzahl von beanstandeten Lebensmitteln per se unsicher oder zum Verzehr nicht geeignet sind und daher grundsätzlich nicht erneut in den Verkehr gebracht werden können.

Eine abweichende Beschaffenheit kann ggf. durch eine Umetikettierung oder bei Abgabe an die Tafeln beispielhaft durch ein Beistellschild kenntlich gemacht werden. Dieses gilt jedoch nicht für Allergene; diese sind stets durch ein fest mit dem Lebensmittel verbundenen Etikett kenntlich zu machen.

Durch fachlich qualifiziertes Aussortieren von fehlerhaften Produkten oder beschädigten Verpackungen kann Havarieware zumindest zum Teil „gerettet" werden, solange die verbleibende Ware nach Aussortierung sicher und zum Verzehr geeignet ist.

In der Praxis ergeben sich jedoch noch andere Probleme. Der Lebensmitteleinzelhandel akzeptiert in der Regel umetikettierte Produkte nicht, da diese warenwirtschaftlich einen neuen, nicht gelisteten Artikel darstellen und beim Endverbraucher (derzeit, noch?) zu Misstrauen bzw. Ablehnung führen. Technisch stößt eine Umetikettierung von Fertigware auf große Schwierigkeiten bzw. auf hohe Kosten, denn die gesamte Ware muss ausgepackt, neu etikettiert und über die Verpackungsmaschinen wieder neu konfektioniert werden. Für Markenartikler stellen Produkte mit abweichender Beschaffenheit, sei es sensorischer Art oder in Bezug auf die Gebrauchsfähigkeit oder auch nur der Kennzeichnung, darüber hinaus einen mit der Markenstrategie nicht zu vereinbarenden Fehler dar, denn die Marke garantiert ja gerade eine gleichmäßige, fehlerfreie Qualität einer hohen Anspruchsklasse. Sensorische oder abweichende technische Eigenschaften generieren beim Verbraucher sofort Ablehnung mit der Folge des Nicht-Wieder-Kaufens. So bleibt zur Vermeidung von Lebensmittelverschwendung aus heutiger Sicht nur ein sehr kleiner Teil von Waren mit geringen sensorischen oder deklaratorischen Abweichungen, die durch Sortierung und ergänzender Kenntlichmachung erneut meist an soziale Einrichtungen in den Verkehr gebracht werden können.

Literatur:

– EU-Leitlinien für Lebensmittelspenden 2017/C 361/01
– Leitfaden für Managementsysteme für Lebensmittelsicherheit im Lebensmitteleinzelhandel
– einschließlich Lebensmittelspenden 2020/C 199/01
– V(EU) 2021/382 zur Änderung der Anhänge der V(EG) 852/2004. über Lebensmittelhygiene hinsichtlich des Allergenmanagements im Lebensmittelbereich, der Umverteilung von Lebensmitteln und der Lebensmittelsicherheitskultur

Sorgfaltspflichten der Unternehmer nach dem Lieferkettensorgfaltspflichtengesetz

Dr. Stephan Schäfer

I. Einführung

Die Umsetzung des Lieferkettensorgfaltspflichtengesetzes („LkSG") in den betroffenen Unternehmen schreitet pausenlos voran.[1] Ab dem 1. Januar 2023 gilt das LkSG nun für große Unternehmen mit mehr als 3.000 im Inland Beschäftigten. Zuletzt wurde der Ruf der Wirtschaft nach einer Umsetzung des von der Bundesregierung am 29.09.2022 verkündeten Belastungsmoratoriums[2] von der CDU/CSU-Fraktion im Bundestag aufgegriffen, die eine Verschiebung des Inkrafttretens um zwei Jahre forderte.[3]

Dieser Beitrag gibt einen Überblick über das Gesetz und dessen aktuellen Implementierungsstand (II.). Ein Schwerpunkt des Beitrags ist die im gegenwärtigen Zeitpunkt vorrangig für die betroffenen Unternehmen relevante Fragestellung des Anwendungsbereichs in Unternehmensverbünden (III.). In einem weiteren Teil sind die ein-

---

1 Aktuelle Entwicklungen zeigt etwa die BVE in ihrer Workshopreihe „Fit für das LkSG" auf.
2 Pressekonferenz von Bundeskanzler Scholz, Bundesminister Habeck und Bundesminister Lindner zu aktuellen Fragen der Energieversorgung in Deutschland am 29.09.2022, Mitschrift abrufbar unter https://bit.ly/3CxGzYk: „Meine Damen und Herren, um diese Erneuerung und Stärkung unserer Wirtschaft nicht zu beeinträchtigen, haben wir ein Belastungsmoratorium beschlossen. Während der Zeit der Krise und während wir diesen Abwehrschirm haben, wird diese Bundesregierung keine Maßnahmen unterstützen oder auf den Weg bringen, die mit einem unverhältnismäßigen zusätzlichen Bürokratieaufwand für Mittelstand, Handwerk oder Industrie verbunden sind. In dieser Zeit der Krise hinter dem Abwehrschirm muss sich die Wirtschaft darauf konzentrieren können, sich vorzubereiten, sich wieder zu stärken, Substanz zu erhalten. Wir wollen sie nicht mit lästiger, mit ärgerlicher Bürokratie in dieser Zeit behelligen."
3 BT-Drs. 20/4876 vom 14.12.2022, Antrag der Fraktion der CDU/CSU: Unternehmen entlasten – den Start des Lieferkettensorgfaltspflichtengesetzes am 1. Januar 2023 in der Krise aussetzen und nach der Krise bürokratiearm umsetzen.

zelnen Sorgfaltspflichten und das notwendige „Maß der Sorgfalt" kursorisch vorzustellen (IV.). Dabei spielen aktuelle Handreichungen des für den künftigen Vollzug zuständigen Bundesamt für Wirtschaft und Ausfuhrkontrolle („BAFA") eine zentrale Rolle.[4] Hervorgehoben werden auch aktuelle Tendenzen der Beratungs- und Gestaltungspraxis (V).

II. Aktueller Stand der Implementierung des LkSG

1. Stand der Umsetzung in den Unternehmen

Seit dem 1. Januar 2023 gilt das LkSG nun für große Unternehmen mit mehr als 3.000 im Inland Beschäftigten. Zuletzt wurde der Ruf der Wirtschaft nach einer Umsetzung des von der Bundesregierung am 29.09.2022 verkündeten Belastungsmoratoriums[5] von der CDU/CSU-Fraktion im Bundestag aufgegriffen, die eine Verschiebung des Inkrafttretens um zwei Jahre forderte.[6] Möglicherweise wird zumindest der Gesetzgebungsprozess der europäischen Corporate Sustai-

---

[4] Beteiligt sind neben dem BAFA insbesondere das Bundesministerium für Wirtschaft und Klimaschutz („BMWK") und das Bundesministerium für Arbeit und Soziales („BMAS").

[5] Pressekonferenz von Bundeskanzler Scholz, Bundesminister Habeck und Bundesminister Lindner zu aktuellen Fragen der Energieversorgung in Deutschland am 29.09.2022, Mitschrift abrufbar unter https://bit.ly/3CxGzYk: „Meine Damen und Herren, um diese Erneuerung und Stärkung unserer Wirtschaft nicht zu beeinträchtigen, haben wir ein Belastungsmoratorium beschlossen. Während der Zeit der Krise und während wir diesen Abwehrschirm haben, wird diese Bundesregierung keine Maßnahmen unterstützen oder auf den Weg bringen, die mit einem unverhältnismäßigen zusätzlichen Bürokratieaufwand für Mittelstand, Handwerk oder Industrie verbunden sind. In dieser Zeit der Krise hinter dem Abwehrschirm muss sich die Wirtschaft darauf konzentrieren können, sich vorzubereiten, sich wieder zu stärken, Substanz zu erhalten. Wir wollen sie nicht mit lästiger, mit ärgerlicher Bürokratie in dieser Zeit behelligen."

[6] BT-Drs. 20/4876 vom 14.12.2022, Antrag der Fraktion der CDU/CSU: Unternehmen entlasten – den Start des Lieferkettensorgfaltspflichtengesetzes am 1. Januar 2023 in der Krise aussetzen und nach der Krise bürokratiearm umsetzen.

nability Due Diligence Directive („CSDDD-Entwurf")[7] im Sinne der Wirtschaft etwas sanfter gestaltet werden können. Diese europäische Entwicklung rollt auf viele kleine und mittlere Unternehmen wie eine Welle zu und der Rat der Europäischen Union hat mit seiner – offenbar auch von Deutschland getragenen – Positionierung die Dämme nun nochmal ein Stück geöffnet: Die Erweiterung des Anwendungsbereichs auf Unternehmen ab 250 Mitarbeiter in der Ernährungswirtschaft und die zivilrechtliche Haftung, sie werden kommen.[8]

In den Unternehmen der Lebensmittelwirtschaft ist das Thema besonders präsent: Aufgrund der herrschenden Marktgegebenheiten gibt der Lebensmittelgroß- und –einzelhandel die Pflichten des LkSG an die unmittelbaren Zulieferer vertraglich weiter und verpflichtet diese ferner, auch ihre eigenen Lieferanten entsprechend zu binden (Spillover-Effekt).[9] So beschäftigt sich die Branche insgesamt mit den gesetzlichen Vorgaben und deren Umsetzung in Verhaltenskodizes etc., die inhaltlich freilich ganz verschiedene Ansätze wählen.

2. Stand der Implementierung im BAFA

Das BAFA stellt weiterhin die operative Handlungsfähigkeit her. Die Besetzung der hierfür notwendigen Stellen ist jedenfalls im Frühjahr

---

[7] Vorschlag für eine Richtlinie des Europäischen Parlaments und des Rates über die Sorgfaltspflichten von Unternehmen im Hinblick auf Nachhaltigkeit und zur Änderung der Richtlinie (EU) 2019/1937, COM (2022) 71 final. Hierzu nun die am 30.11.2022 verabschiedete Allgemeine Ausrichtung des Rates zur Richtlinie über die Sorgfaltspflichten von Unternehmen im Hinblick auf die Nachhaltigkeit, Interinstitutionelles Dossier: 2022/0051 (COD).
[8] Allgemeine Ausrichtung des Rates zur Richtlinie über die Sorgfaltspflichten von Unternehmen im Hinblick auf die Nachhaltigkeit, Interinstitutionelles Dossier: 2022/0051 (COD). Die Allgemeine Ausrichtung gibt dem Ratsvorsitzenden das Mandat zur Aufnahme der Verhandlungen mit dem Europäischen Parlament und geht in der Sache weiterhin über das LkSG deutlich hinaus, z. B. was den persönlichen Anwendungsbereich anbelangt (Art. 2) oder die Frage der zivilrechtlichen Haftung (Art. 22). Gestrichen wurden die problematischen Regelungen zur Geschäftsleiterhaftung, Art. 25 f.
[9] Hierzu bereits *Schäfer*, ZLR 2022, 22. Vgl. ferner *Birkefeld/Schäfer*, ZLR 2022, 444 und *Birkefeld/Schäfer* ZLR 2023, 25.

2023 noch nicht abgeschlossen.[10] Eröffnet ist mittlerweile die Außenstelle Borna, wo das Lieferkettenrecht geballt bearbeitet wird.[11]

Was die Aufnahme der inhaltlichen Arbeit anbelangt, lässt sich das BAFA bislang durchaus so darauf ein, dass man auf die Interessen der Wirtschaft Rücksicht nehmen wolle. Zwar stehen die bislang veröffentlichten Handreichungen gemäß § 20 LkSG in einem teils deutlichen Widerspruch hierzu.[12] Allerdings teilt das BAFA auf seiner Webseite mit, dass erstmalig zum Stichtag 1. Juni 2024 das Vorliegen der Menschenrechtsberichte (§§ 10, 12 LkSG) beim BAFA sowie deren Veröffentlichungen (auf den Unternehmenswebseiten) nachgeprüft werden.[13] Zwar blieben die Erfüllung der übrigen Sorgfaltspflichten und deren Kontrolle durch das BAFA hiervon unberührt. Nimmt man indes den risikobasierten Ansatz des LkSG ernst (§ 19 Abs. 2 LkSG), wird vor Juni 2024 nicht mit besonderem Überwachungs- und Sanktionierungsdruck zu rechnen sein, da Ausgangspunkt entsprechender behördlicher Maßnahmen primär Erkenntnisse aus der Menschenrechtsberichterstattung sein dürften.

Relativiert wird diese zur Schau getragene wirtschaftsfreundliche Grundhaltung dadurch, dass das BAFA bereits zum Jahreswechsel 2022/2023 einen Meldekanal aktiviert hat, bei dem Außenstehende Anzeigen gemäß § 14 Abs. 2 LkSG abgeben können, um das BAFA zum Tätigwerden zu bewegen.[14] Wenn hierüber substantiierte Meldungen eingehen, müssen betroffene Unternehmen daher bereits heute mit entsprechenden Maßnahmen des BAFA rechnen, vgl. § 15 (Anordnungen und Maßnahmen), § 16 (Betretensrechte), § 17 (Auskunfts- und Herausgabepflichten) und § 18 (Duldungs- und Mitwirkungspflichten) LkSG. Daneben steht das Bußgeldrisiko des § 24 LkSG.

Kryptisch ist ferner der in diesem Zusammenhang erteilte Hinweis des BAFA, dass Unternehmen, die vor dem 1. Juni 2024 ihre Berichts-

---

10 Im Januar 2023 suchte das BAFA noch Referenten und Volljuristen (m/w/d) für Sorgfaltspflichten in Lieferketten, Ausschreibungsende zunächst 03.02.2022.
11 Die Eröffnung fand am Tag der Menschenrechte, dem 10.12.2022, statt.
12 Siehe unten b) sowie III.2 ff. zu den weitreichenden Anforderungen der BAFA-Handreichungen bei starker Betonung der Stakeholder-Interessen.
13 https://www.bafa.de/DE/Lieferketten/Berichtspflicht/berichtspflicht_node.html.
14 https://elan1.bafa.bund.de/beschwerdeverfahren-lksg; privat induziertes Public Enforcement als Spezifikum des LkSG, vgl. Rühl/Knauer JZ 2022, 105, 111.

pflicht erfüllten, d. h. ihren Bericht einreichen (wozu die Mehrzahl der Unternehmen gemäß § 12 Abs. 2 LkSG ohnehin verpflichtet sein dürften), bei Bedarf Hinweise des BAFA erhalten können, wie den Anforderungen des LkSG in Folgeberichten Rechnung getragen werden sollte. Das lässt sich so verstehen, dass den Unternehmen, die ihrer Berichtspflicht frühzeitig, nämlich vor dem 1. Juni 2024, nachkommen, jedenfalls im Jahr 2024 ein „Freischuss" für ihren Bericht zugestanden wird: Das BAFA würde demnach frühzeitig eingereichte Berichte nicht beanstanden und im Regelfall wohl auch nicht zum Ausgangspunkt besonderer Maßnahmen machen, sondern lediglich Hinweise für die Folgeberichte erteilen. Ein solches Vorgehen wäre – lässt man die Zweifel an der Rechtsgrundlage dieses Vorgehens einmal außer Acht – sinnvoll, um allen Beteiligten ein Erproben des Gesetzes bei relativ geringer Fallhöhe zu ermöglichen.

III. Anwendungsbereich und Governance in Unternehmensverbünden

Gerade in den großen Unternehmen ist eine Konzernstruktur die Regel; derartige Konstellationen sind aber auch in kleineren Verbünden durchaus gängig.[15] Herrschend ist mittlerweile – zutreffend – die Auffassung, dass bei der Zurechnung gemäß § 1 Abs. 3 LkSG nur die Zurechnung zur ultimativen Obergesellschaft erfolgt, mithin eine Zurechnung auf Zwischenholdings nicht in Betracht kommt. Dafür sprechen insbesondere praktische Erwägungen.[16] Darüberhinaus gibt es indes offene Fragen.

---

15 Hierzu grundlegend Schäfer, ZLR 2022, 22 ff. sowie vertiefend nochmal Birkefeld/Schäfer, ZLR 2023, 25. Im Überblick zu Auswirkungen des LkSG im Konzern mit weiteren Nachweisen Kubis/Tödtmann/Hettich/Charnitzky Vorstands-HdB, § 14 Verbundene Unternehmen Rn. 258 ff.
16 Hierzu Ott/Lüneborg/Schmelzeisen, DB 2022, 240 ff.

1. Notwendigkeit von Intercompany-Vereinbarungen in Gleichordnungskonzernen, Gemeinschaftsunternehmen und Joint-Venture-Gestaltungen

Klarheit besteht zwischenzeitlich darüber, dass der Konzernbegriff im LkSG autonom und weit auszulegen ist. Erfasst ist daher jede Form von Unternehmensverbindung gemäß § 15 AktG.[17]

Zwar ist noch teilweise umstritten, ob auch der Gleichordnungskonzern gemäß § 18 Abs. 2 AktG vom Konzernbegriff erfasst ist. Gleiches gilt für Gemeinschaftsunternehmen/Joint-Venture-Konstellationen. Im Zweifel ist aber von einem weiten Anwendungsbereich des LkSG auszugehen. Da die menschenrechtliche Verantwortung keinem der beteiligten Unternehmen von vornherein klar zugewiesen, sondern die Zurechnung gemäß § 1 Abs. 3 LkSG auf mehrere nebeneinander stehende Obergesellschaften denkbar ist, müssen die Unternehmen auf Gesellschafterebene die Verantwortung durch Intercompany-Vereinbarung regeln. Nur auf diese Weise kann eine Delegationswirkung überhaupt herbeigeführt werden.

2. Geltung auch für ausländische Obergesellschaften

Weiterhin wird im Schrifttum vielfach die Auffassung vertreten, dass bei der Konzernzurechnung nach oben an der deutschen Landesgrenze Halt gemacht werden müsste.[18] Diese Auslegung von § 1 Abs. 3 LkSG ist weiterhin nicht überzeugend. Sie ist weder im Wortlaut der Norm angelegt, noch systematisch oder konzernrechtlich zwingend. Sie unterläuft auch Sinn und Zweck des LkSG und führt zu widersprüchlichen Ergebnissen.[19]

---

17 Ott/Lüneborg/Schmelzeisen, DB 2022, 240 ff. Vertiefend Rothenburg/Rogg, AG 2022, 257 ff.
18 Sagan/Schmidt, NZA-RR 2022, 281, 284.
19 Hierauf weisen etwa Ott/Lüneborg/Schmelzeisen, DB 2022. 240 ff. in ihrem eigenen Beispiel selbst hin.

Teilweise scheint das wirtschaftsrechtliche Schrifttum hier stark von einem gewünschten Ergebnis her zu denken,[20] übersieht dabei aber die immanenten Gefahren einer derart interessengeleiteten Argumentation. Es ist nicht ausgeschlossen, dass das BAFA künftig auch diese Unternehmen in den Fokus nimmt und mit Sanktionen belegt. Eine klare Einlassung des BAFA, dass § 1 Abs. 3 LkSG auf ausländische Obergesellschaften keine Anwendung finden soll, gibt es bislang nicht.[21] Man findet zwar entsprechende Ansatzpunkte in FAQ der Bundesregierung,[22] verlassen kann man sich hierauf aber nicht, da ihnen kein letztverbindlicher Charakter zukommt. Das Sanktionsinstrumentarium des LkSG kann im Übrigen auch gegen ausländische Gesellschaften in Stellung gebracht werden, wenngleich die Schwierigkeiten eines grenzüberschreitenden Vollzugs nicht von der Hand zu weisen sind.[23]

Im Übrigen lohnt sich insoweit bereits heute ein Blick in den CSDDD-Entwurf: Für europäische Unternehmen gilt die Richtlinie ohnehin (§ 1 Abs. 1 CSDDD-Entwurf), zu beachten ist aber insbesondere § 1 Abs. 1 CSDDD-Entwurf, der die Geltung der Richtlinie für bestimmte in der EU mit einem gewissen Umsatz tätige Drittstaatsunternehmen explizit anordnet.[24] Die hier im Schrifttum behandelte Frage wird also

---

20 Etwa wenn auf die Gesetzesbegründung abgestellt wird, die dazu nichts sagt. Noch weiter neben der Sache liegt das Argument, das LkSG nehme nur Großunternehmen in den Blick, vgl. Sagan/Schmidt, NZA-RR 2022, 281, 284.
21 Vgl. insbesondere Abschnitt IV der FAQ, mit teils widersprüchlichen Ausführungen abrufbar unter https://bit.ly/3CAeDDw.
22 In diesem Sinne gedeutet wird etwa FAQ IV.4 „Die Arbeitnehmer*innen werden nur zur obersten Konzernmutter (in Deutschland) zugerechnet", abrufbar etwa unter https://bit.ly/3CAeDDw. Zu den FAQ im Überblick auch Birkefeld/Schäfer, ZLR 2022, 444.
23 Europarechtliche Bedenken gegen die Einbeziehung ausländischer Obergesellschaften in den Anwendungsbereich des LkSG sind nicht ersichtlich. Eher würde sich bei einer Nicht-Einbeziehung die Frage der Inländerdiskriminierung am Maßstab des Art. 3 Abs. 1 GG stellen.
24 Vgl. auch ErwGr 23 CSDDD-E: Ohne Einbeziehung der Unternehmen aus Drittländern, die in erheblichem Umfang in der EU tätig sind, können die Ziele der Richtlinie in Bezug auf die negativen Auswirkungen auf die Menschenrechte und die Umwelt nicht erreicht werden. Diese Erwägung findet auch Eingang in die Allgemeine Ausrichtung des Rates zur Richtlinie über die Sorgfaltspflichten von Unternehmen im Hinblick auf die Nachhaltigkeit, Interinstitutionelles Dossier: 2022/0051 (COD). Es ist nicht zu erwarten, dass die Drittstaatsbezogenheit noch aus der Richtlinie entfernt wird.

nach Inkrafttreten der CSDDD unter keinem denkbaren Gesichtspunkt mehr eine Rolle spielen. Es spricht viel dafür, dem bereits heute Rechnung zu tragen und nicht im juristischen Schrifttum zu suggerieren, eine Sitzverlagerung innerhalb oder außerhalb der EU könne dazu beitragen, Haftungsrisiken im Bereich menschenrechtlicher Compliance zu minimieren.

3. Struktur und Governance

a) Verantwortung der Unternehmensleitung als Prinzip

Die Unternehmensleitung ist für die Einhaltung der Sorgfaltspflichten nach dem LkSG verantwortlich. Sie muss die entsprechenden Prozesse implementieren, durchführen, aktualisieren und überwachen.[25] Insoweit gilt für die Durchführung und Umsetzung des LkSG nichts anderes als sonst für die allgemeine Compliance-Verantwortung.[26] Im Bereich des LkSG lässt das BAFA bei der Ausgestaltung seiner Handreichungen bereits heute ein tendenziell auf die Stakeholder-Interessen ausgerichtetes Verständnis der Sorgfaltspflichten erkennen.[27]

b) Delegation menschenrechtlicher Compliance-Verantwortung: Möglichkeiten und Grenzen

Ein besonders nachgefragtes Thema ist die wirksame unternehmensinterne Verantwortungsübertragung im Bereich der menschenrechtlichen Compliance, insbesondere auch die Frage der Delegation im Un-

---

25 Vgl. § 4 LkSG.
26 Johann/Sangi/Gehne/Humbert/Philippi, NK-LkSG § 6 Rn. 16. Ausdruck der Legalitätspflicht der Unternehmensleitung. Vgl. vertiefend Moosmayer, Compliance, 4. Aufl. 2021, § 1 Rn. 1.
27 Handreichung zur Risikoanalyse S 8: „Grundsätzlich ist wichtig zu beachten, dass bei der Risiko-analyse nach LkSG nicht relevant ist, wie sich menschenrechtliche und umweltbezogene Risiken auf den geschäftlichen Erfolg des Unternehmens auswirken. Sprich, inwiefern dadurch beispielsweise finanzielle Kosten oder Reputationsschäden für das eigene Unternehmen entstehen. Das LkSG fordert Unternehmen vielmehr auf, einen Perspektivenwechsel einzunehmen. Im Fokus stehen die Interessen der eigenen Beschäftigten, der Beschäftigten innerhalb der Lieferkette und derjenigen, die in sonstiger Weise vom wirtschaftlichen Handeln des Unternehmens oder eines Unternehmens in seinen Lieferketten betroffen sein können."

ternehmensverbund. Auch wenn § 3 Abs. 3 LkSG die Außenhaftung grundsätzlich beschränkt,[28] spielen Delegationsfragen mit Blick auf die öffentlich-rechtliche Sanktionierung und interne Rückgriffsmöglichkeiten gegenüber der Geschäftsleitung eine große Rolle.

Bei der Delegation handelt es sich um die Übertragung von betrieblichen bzw. unternehmerischen Aufgaben und Pflichten zur Durchführung in eigener Verantwortung, vgl. § 14 Abs. 2 Nr. 2 StGB, § 130 Abs. 1 S. 2 OWiG.[29] Sie führt sowohl zur zivilrechtlichen Haftungsentlastung als auch zur Beseitigung straf- und ordnungswidrigkeitenrechtlicher Verantwortung.[30] Damit diese Rechtsfolge eintritt, müssen die Voraussetzungen einer wirksamen Delegation vorliegen. Delegation ist dabei nicht unbegrenzt möglich.

Wie sich aus § 130 Abs. 1 S. 2 OWiG ergibt, wandelt sich die Pflicht des Geschäftsleiters zur Überwachung der jeweiligen produkt- oder prozessbezogenen Compliance hin zur Pflicht, die von ihm bestellten Überwachungspersonen zu überwachen („Meta-Überwachung").[31] Beim Geschäftsleiter bleibt aber stets die Organisations- und Systemverantwortung für die unternehmensinternen Delegationsprozesse sowie die sog. Oberaufsicht.[32] Ergänzend bleiben beim Geschäftsleiter die ihm zugewiesenen Leitungsaufgaben, die kraft gesetzlicher Anordnung oder aus Gründen des Sachzusammenhangs nicht delegierbar sind.[33]

c) Delegation im Bereich des LkSG

Auch im Bereich der durch das LkSG gezeichneten menschenrechtlichen Compliance bestehen Delegationsmöglichkeiten. So stellt § 4 Abs. 3 S. 1 LKSG klar:

---

28 Zur Reichweite von § 3 Abs. 3 LkSG vgl. bereits grundlegend Schäfer, ZLR 2022, 22; Rühl/Knauer, JZ 2022, 105.
29 Schulze, NJW 2014, 3848.
30 Schulze, NJW 2014, 3848, 3486.
31 OLG Nürnberg, Urt. v. 30.03.2022 – 12 U 1520/19, LMuR 2022, 545, 550.
32 OLG Nürnberg, Urt. v. 30.03.2022 – 12 U 1520/19, LMuR 2022, 545, 550: „unentrinnbare Oberaufsicht".
33 Etwa die Pflicht zur Aufstellung des Jahresabschlusses gemäß §§ 242, 245, 264 HGB.

> „Das Unternehmen hat dafür zu sorgen, dass festgelegt ist, wer innerhalb des Unternehmens dafür zuständig ist, das Risikomanagement zu überwachen, etwa durch die Benennung eines Menschenrechtsbeauftragten. Die Geschäftsleitung hat sich regelmäßig, mindestens einmal jährlich, über die Arbeit der zuständigen Person oder Personen zu informieren."

0Das LkSG lässt demnach Gestaltungsfreiheit, auf wen und in welcher Weise die menschenrechtliche Compliance delegiert wird. Fest steht indes, dass für eine wirksame Delegation jedenfalls eine klare vertikale Struktur geschaffen werden muss und überschneidende Zuständigkeiten zu vermeiden sind.[34] Das ist eine besondere Herausforderung, da die menschenrechtliche Compliance in der Regel als Schnittstellenthema behandelt wird. Mittelfristig erscheint die Einführung eigener Menschenrechtsbeauftragter als Delegaten – wie im LkSG vorgesehen – ein probates Mittel zu sein. Möglich erscheint es auch, andere Funktionsträger im Unternehmen entsprechend einzusetzen.[35]

Einzelne Bereiche des LkSG sind von vornherein keiner Delegation zugänglich, etwa die Verpflichtung zur Aufstellung einer Grundsatzerklärung der Menschenrechtsstrategie (§ 6 Abs. 2 S. 1 LkSG) oder die Erfüllung der Berichtspflicht (§ 10 LkSG).[36] Hier kann der Delegat zuarbeiten, die Geschäftsleiter trifft hingegen die aktive Handlungspflicht, die entsprechenden Maßnahmen in eigener Verantwortung umzusetzen.

An eine Delegation auf Dritte sind hohe Anforderungen zu stellen. Sie wird angesichts der notwendigen Kenntnis der betrieblichen Abläufe, Organisations- und Beschaffungsstrukturen im Bereich der menschenrechtlichen Compliance nach dem LkSG nur sehr selten in Betracht kommen.

---

34 Vgl. im Überblick Meier-Greve, BB 2009, 2555, 2556.
35 Etwa durch Aufwertung des Compliance Officers oder QM-Leiters zum ESG-Compliance Officer, entsprechende Angebote gibt es bereits, z. B. durch den TÜV Rheinland oder die AFP GmbH https://bit.ly/3Gm4Lhq. Allgemein zu Aufgaben eines Compliance Officers im Kontext des LkSG Ruttloff/Wagner/Reischl/Skoupil, CB 2021, 364, 369.
36 Vgl. Ruttloff/Wagner/Reischl/Skoupil, CB 2021, 364, 369.

d) Delegationssituation in der Ernährungswirtschaft

Empirisch ist eine Tendenz in der Ernährungswirtschaft feststellbar, die sozial-ökologische Compliance-Verantwortung auf die Leitung des Qualitätsmanagements zu übertragen. Das liegt nahe, weil die Delegation im Bereich QM geübte Praxis ist und man dort mit den Elementen der Risikoanalyse ohnehin vertraut ist (wenngleich es dort primär um produktbezogene Compliance geht).

Zwingend ist eine Zuweisung der menschenrechtlichen Compliance-Verantwortung zum QM indes nicht. Neben der Verankerung der Leitungsverantwortung im Qualitätsmanagement optieren einige Unternehmen auch zum Aufbau und zur Einrichtung von Stabsstellen/-abteilungen. Anzutreffen ist auch eine Verankerung im Einkaufsbereich oder in der Rechts- und Complianceabteilung.

Zu betonen ist dabei stets die Notwendigkeit einer klaren und nach außen dokumentierten vertikalen Delegationskette und einer angemessenen quantitativen und qualitativen Ausstattung der Delegaten.[37]

Eher kritisch zu sehen ist eine Tendenz im Lebensmitteleinzelhandel („LEH"), die eigenen Lieferanten für die Durchführung der Sorgfaltspflichten des LkSG vertraglich umfassend in die Verantwortung zu ziehen und damit eine delegationsartige Konstellation herbeizuführen (hierzu unter dem Gesichtspunkt der Angemessenheit sogleich unten III. 3). Die hohen Anforderungen an eine Delegationsvereinbarung werden durch eine solche Gestaltung grundsätzlich nicht erfüllt werden können. Sie dürfte dem Interesse der Lieferanten zudem allemal zuwiderlaufen. Der Abschluss entsprechender Vereinbarungen, Kodizes etc. mit den eigenen Lieferanten hat demnach unter Compliance-Gesichtspunkten nicht die Wirkung einer umfassenden Verantwortungsdelegation.

---

37 LG München I, Urt. v. 10.12.2013 – 5 HK O 1387/10, NZG 2014, 345; Meier-Greve, BB 2009, 2555, 2556

IV. Einzelne Sorgfaltspflichten und Maß der Sorgfalt

1. Risikomanagement

Zur Einrichtung eines Risikomanagements gemäß § 4 LkSG bereits oben III 3.

2. Risikoanalyse

a) Zentralität der Risikoanalyse

Gesetzlich ist die Pflicht zur Durchführung von Risikoanalysen in § 5 LkSG geregelt. Es steht im Zentrum des unternehmerischen Risikomanagements gemäß § 4 LkSG. Das BAFA hat im August 2022 als erste Handreichung diejenige zur Risikoanalyse vorgelegt und verdeutlicht damit ebenfalls die zentrale Stellung dieses Prozesses.[38]

Die Handreichung stellt grundlegende Anforderungen an die Risikoanalyse und zum Anforderungsprofil des BAFA dar und gibt auch Umsetzungshinweise, deren Nutzen aber insgesamt beschränkt ist. Auf einzelne Branchen wird nicht dezidiert eingegangen. Zentral ist nach der Handreichung das Verständnis der Prozesshaftigkeit der Umsetzung der Sorgfaltspflichten: Risikoanalyse, Abhilfe- und Präventionsmaßnahmen, Dokumentation und Beschwerdeverfahren stehen miteinander in Beziehung und wirken wechselbezüglich.[39]

b) Lieferkettentransparenz als Desiderat?

Die Handreichung betont als zentrale Anforderung der Risikoanalyse das „Bemühen" um „Erhöhung der Lieferkettentransparenz".[40] Daraus wird die Vorgabe abgeleitet, bestimmte Daten zur Unternehmens- und Beschaffungsstruktur, zu Art und Umfang der Geschäftstätigkeit, zu Lieferanten etc. zu erfassen und jährlich bzw. anlassbezogen zu über-

---

38 Handreichung „Risiken ermitteln, gewichten und priorisieren", 1. Auflage, August 2022 („Handreichung zur Risikoanalyse").
39 Handreichung zur Risikoanalyse, S. 5.
40 Handreichung zur Risikoanalyse, S. 10.

prüfen. Unklar ist, ob nach der Handreichung das Transparenzbemühen nur intern wirkt oder auch dahingehend verstanden wird, dass das Unternehmen Transparenz nach außen im Rechts- und Geschäftsverkehr schaffen soll. Die Handreichung scheint eher letzterem zuzuneigen.[41] Nach richtiger Lesart genügt indes die Schaffung von Transparenz in Gestalt des jährlichen Menschenrechtsberichts gemäß § 10 LkSG. Weitergehende Transparenzpflichten kann die Handreichung daneben nicht begründen, sie wären auch mit Blick auf den Geschäftsgeheimnisschutz in § 10 Abs. 4 LkSG problematisch.

c) Von der abstrakten zur konkreten Risikobetrachtung

Im Bereich der Umsetzungsempfehlungen geht die Handreichung davon aus, dass Einstieg in die Risikoanalyse zunächst eine abstrakte Risikobetrachtung ist – und zwar sowohl im eigenen Geschäftsbereich als auch gegenüber unmittelbaren Zulieferern[42]. Diese abstrakte Betrachtung knüpft branchenbezogen an. Ergeben sich daraus keine Risiken, kann auf eine konkrete, unternehmens- und standortbezogene Analyse verzichtet werden.[43]

Stets notwendig – auch im Fall nicht vorhandener konkreter Risiken – sei indes die Schaffung von Strukturen des Risikomanagements (etwa durch Einsetzung der Funktion eines/einer Menschenrechtsbeauftragten), die Einführung einer Menschenrechtsstrategie und interne Schulungen der zuständigen Mitarbeiter.[44] Das ist überzeugend, da ohne diese Elemente nicht einmal eine abstrakte Risikoanalyse vorstellbar ist.

---

41 Vgl. auch die entsprechende Gestaltung des Fragebogens zur Erfüllung der Berichtspflicht, wo sich die entsprechenden Abfragen spiegeln lassen s. u. 5.
42 Gegenüber mittelbaren Zulieferern soll aus gesetzlichen Gründen nur eine anlassbezogene Analyse stattfinden, § 9 LkSG, was aber im Rahmen der Umsetzungsempfehlung der Handreichung zur Risikoanalyse, S. 16, nicht abgebildet wird; insbesondere wird das Erfordernis der „substantiierten Kenntnis" nicht adäquat berücksichtigt.
43 Handreichung zur Risikoanalyse, S. 12 ff.
44 Vgl. § 4 LkSG.

3. Angemessenheit

a) Generalklausel in § 3 Abs. 2 LkSG

Die Einhaltung der Sorgfaltspflichten muss das Unternehmen in angemessener Weise verfolgen, § 3 Abs. 2 LkSG. Wo Normen im LkSG den Terminus „angemessen" verwenden, muss das Unternehmen zur Ausfüllung auf § 3 Abs. 2 LkSG zurückgreifen (vgl. etwa § 6 Abs. 4 LkSG).

Was verbirgt sich aber hinter dem unbestimmten Rechtsbegriff der Angemessenheit?

„Je anfälliger die Geschäftstätigkeit oder das Geschäftsmodell bzw. die Lieferkettenstruktur eines Unternehmens für menschenrechtliche oder umweltbezogene Risiken ist, je wahrscheinlicher und schwerer die zu erwartende Verletzung der geschützten Rechtsposition, je größer der Verursachungsbeitrag und die Einflussmöglichkeit und je leistungsfähiger ein Unternehmen ist, desto größere Anstrengungen können ihm zur Verhinderung, Beendigung oder Minimierung einer Verletzung zugemutet werden."[45]

Die entsprechende Handreichung ist erst im Dezember 2022 veröffentlicht worden. Sie wurde von der Wirtschaft ersehnt, die mit der komplexen Norm des § 3 Abs. 2 LkSG große Schwierigkeiten hat.[46]

Die gewünschte Klarheit bringt die Handreichung indes nicht. Auch das BAFA hat offenkundig Mühe, die Vielzahl unbestimmter Rechtsbegriffe zu konkretisieren.[47]

---

45 Handreichung zum Prinzip der Angemessenheit nach den Vorgaben des Lieferkettensorgfaltspflichtengesetz, S. 9 („Handreichung zur Angemessenheit").
46 Das war zu erwarten gewesen, vgl. schon zum Entwurf Thüsing, ZRP 2021, 97; plakativ Schork/Schreier, RAW 2021, 74, 76; vgl. auch Wagner/Ruttloff/Wagner/Ruttloff/Kappler LkSG, Rn. 472.
47 So auch die die ergänzenden FAQ der Bundesregierung zur Bewertung der Angemessenheit durch BAFA (XIV. 2).

b) Relation Wirksamkeit – Angemessenheit

Die Handreichung stellt das Prinzip der Angemessenheit neben jenes der Wirksamkeit in §§ 4 Abs. 1 und 2 LkSG.[48] Beide Prinzipien stehen nach Auffassung des BAFA in Wechselwirkung zueinander. Aus ex-ante-Sicht muss das Unternehmen bei Wahl seiner Maßnahmen zur Umsetzung der Sorgfaltspflichten zunächst alle wirksamen Maßnahmen identifizieren. Erst nach diesem Schritt sei nach dem Prinzip der Angemessenheit eine Auswahl zwischen den zur Verfügung stehenden Maßnahmen zu treffen.

Das Prinzip der Wirksamkeit relativiert auch den auf den ersten Blick beruhigenden Satz „*Das LkSG fordert lediglich ein ernsthaftes Bemühen*".[49] Zwar ist richtig: Das Unternehmen muss bestimmte Erfolge einzelner Maßnahmen nicht garantieren; seine Pflichten erschöpfen sich in Handlungspflichten. Es darf allerdings nur aus solchen Maßnahmen wählen, die – aus ex-ante-Sicht – auch wirksam sind. Ob diese Beurteilung – aus ex-ante-Sicht – zutrifft, prüft wiederum das BAFA nach, sodass allein hieraus ein nicht unerhebliches Sanktionsrisiko fließt.[50] Unternehmen können grundsätzlich dann mit Sanktionen nach dem LkSG belegt werden, (i) wenn sie eine – aus ex-ante-Sicht – wirksame und angemessene Maßnahme verkannt oder aus sonstigen Gründen nicht ergriffen haben oder (ii) eine derartige Maßnahme inhaltlich unzureichend, d. h. nicht in angemessener Weise umgesetzt haben.[51]

c) Ermessens- und Beurteilungsspielräume der Unternehmen

Die Handreichung betont den Ermessens- und Handlungsspielraum der Unternehmen bei der Wahl der Maßnahmen, jedoch unterliegt die Wahrung der entsprechenden Grenzen des unternehmerischen Ermessens der Nachprüfung durch das BAFA. Die Kriterien dieser Nachprüfung lässt die Handreichung aber im Wesentlichen offen. Die FAQ der Bundesregierung führen insoweit – praktisch wenig hilfreich – aus:

---

48 Handreichung zur Angemessenheit, S. 4.
49 Hierzu bereits Schäfer, ZLR 2022, 22.
50 Handreichung zur Angemessenheit, S. 3.
51 Handreichung zur Angemessenheit, S. 3.

„Das BAFA prüft, ob ein Unternehmen zum Zeitpunkt der Entscheidung, also ex ante, angemessen gehandelt hat. So hat das Unternehmen nachzuweisen, nach welchen Kriterien es die Risiken bewertet und seine Maßnahmen ergriffen hat. Der unternehmensinterne Abwägungsprozess muss dabei plausibel und für das BAFA nachvollziehbar sein. Es hinterfragt die Unternehmensentscheidung nicht aus einer Ex-post-facto-Sicht, sodass das Unternehmen nicht für Rückschaufehler (sic!) sanktioniert werden soll."[52]

Die fehlende Konkretisierung ist misslich, da die Vielfalt unternehmerischer Entscheidungsparameter über § 3 Abs. 2 LkSG hinaus groß ist. Bei Unternehmen handelt es sich nicht um Behörden, deren Ermessensspielräume ausschließlich durch gesetzliche Vorgaben konturiert sind. Vielmehr sind unternehmerische Entscheidungen von einer Vielzahl außerrechtlicher Faktoren abhängig (z.B. Preis- und Sortimentspolitik, Konsumforschung, Marketing, Finanzen, Steuern etc.). Diese Faktoren müssen der Beurteilung durch das BAFA grundsätzlich entzogen bleiben, sodass der unternehmerische Ermessensspielraum möglichst weit zu ziehen ist.[53] Das Verständnis des BAFA scheint hier deutlicher enger zu sein.[54]

d) Pflicht zur Nachweisführung des Unternehmens in behördlichen Verfahren?

Die Handreichung führt schließlich aus, dass die Unternehmen „nachweisen müssen", dass sie wirksame und angemessene Maßnahmen getroffen haben.[55]

---

52 FAQ der Bundesregierung, Ziffer XIV. 2.
53 Vgl. in diesem Kontext weiterführend Spindler, ZHR 186 (2022), 67, 106. Dafür, unternehmerische Entscheidungsspielräume anzuerkennen, spricht nun auch die Begründung für die Streichung von Art. 25 in der Allgemeinen Ausrichtung des Rates zur Richtlinie über die Sorgfaltspflichten von Unternehmen im Hinblick auf die Nachhaltigkeit, Interinstitutionelles Dossier: 2022/0051 (COD).
54 So etwa das Fallbeispiel in der Handreichung zur Angemessenheit, S. 20, zur Behandlung des Risikos nicht gezahlten Mindestlohns bei einem Zuliefererbetrieb. Hier wird als wirksame – und vorzugswürdige – Maßnahme die Erhöhung der Abnahmepreise angenommen.
55 Handreichung zur Angemessenheit, S. 3 ff.

Das kann indes nicht bedeuten, dass das Unternehmen in der Beweispflicht ist, etwa in einem Sanktionsverfahren, die Wirksamkeit/Angemessenheit eigener Maßnahmen zu verifizieren. Das liefe strafprozessualen Grundsätzen zuwider, die auch im OWiG-Verfahren Geltung beanspruchen.[56] Vielmehr kann die Ausführung nur dahingehend zu verstehen sein, dass bei fehlenden Nachweisen im jährlichen Menschenrechtsbericht das BAFA einen Anlass hat, gemäß § 14 Abs. 1 LkSG tätig zu werden.

e) Angemessene Maßnahmen in Verträgen des Lebensmitteleinzelhandels mit unmittelbaren Zulieferern

Die Frage der Angemessenheit stellt sich in der Lebensmittelwirtschaft mit Vehemenz. Das BAFA wird die Ernährungswirtschaft besonders in den Fokus nehmen, da diese vom Gesetzgeber als Risikosektor identifiziert wurde.[57]

Zuletzt hat daher – wie zu erwarten war – der LEH begonnen, die Umsetzung der Sorgfaltspflichten gegenüber seinen Lieferanten in die Wege zu leiten und dafür die bestehenden Verträge zu modifizieren bzw. seine eigenen Lieferantenkodizes, Codes of Conduct etc. neu zu fassen. Umfangreiche Lieferantenbewertungen sind im Gange.

Im Bereich vertraglicher Gestaltung ergeben sich die gesetzlichen Anforderungen aus §§ 6 und 7 LkSG[58], insbesondere § 6 Abs. 4 Nr. 2 LkSG und § 7 Abs. 2 LKSG: Dabei ist angesichts der problematischen Unbestimmtheit des Angemessenheitskriteriums, die auch durch die Handreichung nicht nennenswert gemildert wird, die Tendenz des LEH verständlich, im Zweifel die gesetzlichen Pflichten „überschießend" umzusetzen, d. h. die eigenen Instrumente, wie etwa Lieferantenkodizes, entsprechend scharf auszugestalten, um gegenüber dem

---

56 So zum LkSG Kamann/Irmscher, NZWiSt 2021, 249, 252, die auch richtigerweise feststellen, dass die Mitwirkungspflicht nach § 18 Abs. 1 LkSG nicht so weit reicht, sich selbst einer Ordnungswidrigkeit bezichtigen zu müssen.
57 Regierungsbegründung, BT-Drs. 19/28649, S. 23. Das wird durch den europäischen CSDDD-Entwurf nochmals akzentuiert, vgl. ErwGr 22 – Landwirtschaft und Herstellung von Nahrungsmitteln und Getränken sowie entsprechende Großhandelsaktivitäten als Sektoren mit hohem Schadpotential sowie Art. 1 Abs. 1 b) ii).
58 Vertiefend zu diesen Normen bereits Schäfer ZLR 2022, 22 sowie Birkefeld/Schäfer, ZLR 2022, 444.

BAFA das eigene – wirksame – Bemühen darstellen zu können. Besonders betroffen sind dabei Handelsmarkenhersteller.[59] Demgegenüber liegt es im Interesse der unmittelbaren Zulieferer, die vom BAFA gezeichneten Ermessens- und Beurteilungsspielräume zu betonen. Gegenwärtig sind viele Entwicklungen im Verhältnis des Handels zur Industrie vorstellbar: Im besten Fall setzt ein Dialogprozess ein, der zu ausgewogenen und standardisierbaren Gestaltungen führt, ggf. unter Beteiligung relevanter Branchen(dach-)verbände. Im schlimmsten Fall werden unausgewogene Verträge mit erheblichen Haftungsrisiken für die Zulieferer marktgängig, die über das hinausgehen, was das BAFA tatsächlich verlangen könnte. Dann werden einzelne Klauseln vermutlich auch zivil- und wettbewerblichen Klärungsbedarf auslösen.[60]

4. Beschwerdeverfahren

a) Grundzüge des Beschwerdeverfahrens

Zielsetzung des durch Unternehmen einzurichtenden Beschwerdeverfahrens gemäß § 8 LkSG ist die Installation von Frühwarnsystemen zur Prävention und Reaktionsmöglichkeiten zur Abhilfe von Menschenrechtsrisiken. Der Detaillierungsgrad in § 8 LkSG ist im Verhältnis zur Regelung anderer Sorgfaltspflichten recht hoch und umfasst verschiedene Vorgaben an die Organisation und Ausgestaltung des Beschwerdeverfahrens. Für das Beschwerdeverfahren hat das BAFA zwischenzeitlich ebenfalls eine Handreichung vorgelegt.[61] Auch diese wirft teilweise mehr Fragen auf, als sie Antworten gibt.[62]

---

59 FAQ, Ziffer XVI.2: „Die Lieferkettendefinition des LkSG umfasst sowohl Eigen- als auch Fremdmarken. Es kann aber sein, dass die Einflussmöglichkeiten bei Eigenmarken höher sind. Das wird vom LkSG berücksichtigt, etwa bei der Frage, ob die ergriffenen Maßnahmen angemessen und die Priorisierung der Risiken nachvollziehbar waren."
60 Vgl. bereits Wagner/Ruttloff/Wagner/S. Wagner, LkSG Rn. 2141 ff.
61 Handreichung „Beschwerdeverfahren organisieren, umsetzen und evaluieren", 1. Aufl. 2022, S. 7 („Handreichung zum Beschwerdeverfahren").
62 Vgl. etwa die Ausführungen zur Definition der „potentiell Beteiligten" gemäß § 8 Abs. 4 LkSG auf S. 7 der Handreichung zum Beschwerdeverfahren.

An erster Stelle bei der Ausgestaltung des Verfahrens steht der Schutz der Vertraulichkeit der Meldung und insbesondere der Identität des Meldenden sowie dessen Schutz vor Repressalien. Dabei ist bei der Ausgestaltung des Verfahrens den Interessen vulnerabler Gruppen besonders Rechnung zu tragen, vgl. § 8 Abs. 4 S. 2 LkSG. Nach der Handreichung muss die Durchführung des Verfahrens indes nicht kostenlos für den Meldenden sein.[63] Das überzeugt mit Blick auf den Schutzzweck der Norm nicht.

Ob das Beschwerdeverfahren seinen Zweck erfüllt, könne anhand von Key Performance Indicators (KPI) nachgewiesen werden.[64] Die Handreichung listet Kriterien auf, anhand derer sich die Effektivität des Beschwerdeverfahrens bemessen lässt.[65]

Die Personen, die mit der Durchführung des Verfahrens betraut werden, müssen Gewähr für unparteiisches Handeln bieten, § 8 Abs. 3 LkSG. Das erfordert Weisungsfreiheit in Ausübung der Tätigkeit, ist aber nicht dahingehend zu verstehen, dass nur externe Dritte überhaupt diese Tätigkeit ausüben können.[66]

b) Ungeklärtes Verhältnis zum Hinweisgeberschutzgesetz

Ungeklärt ist das Verhältnis zum jüngst verabschiedeten Hinweisgeberschutzgesetz („HinSchG").[67] Hier gibt es vielfach konzeptionelle Parallelen. Es steht den Unternehmen zwar frei, auch mehrere Hinweisgeberschutzsysteme/Beschwerdesysteme nebeneinander einzurichten (und im Einzelfall mag sich dies auch anbieten), allerdings wird vermutlich der etwas umfassendere Regelungsansatz des HinSchG verfolgt werden und die Vorgaben des § 8 LkSG werden in der praktischen Bedeutung dahinter zurücktreten.

---

63 Handreichung zum Beschwerdeverfahren, S. 12.
64 Handreichung zum Beschwerdeverfahren, S. 17.
65 Handreichung zum Beschwerdeverfahren, S. 16, etwa die Zahl der (erledigten) Beschwerden oder die Bearbeitungsdauer.
66 So aber Sagan/Schmidt, NZA-RR 2022, 281, 288 f. im Widerspruch zur Gesetzesbegründung.
67 Auch im zeitlich späteren HinSchG finden sich keine Hinweise dazu, wie sich dieses zum Beschwerdemechanismus des LkSG stellt. Vgl. Sagan/Schmidt, NZA-RR 2022, 281, 288.

Konsequent sieht Art. 23 CSDDD-E für den Bereich der künftigen europäischen Gesetzgebung bereits vor, dass für Meldungen von Verstößen vorrangig die Whistleblower-Richtlinie (EU) 2019/1937 gilt, die im deutschen HinSchG umgesetzt wurde.

c) Einvernehmlicher Streitbeilegungsmechanismus als Variante?

Ein Spezifikum des LkSG (in Abgrenzung insbesondere zum HinSchG) ist gemäß § 8 Abs. 1 S. 5 die Möglichkeit, ein Verfahren der „einvernehmlichen Beilegung" vorzusehen. Die Handreichung stellt hierzu Konkretisierungen im Sinne eines einvernehmlichen Streitbeilegungsverfahrens vor. Es findet seine Grundlage in den UN-Leitprinzipien.[68]

Der Anwendungsbereich des LkSG-Streitbeilegungsverfahrens ist unklar und insgesamt wirken die Ausführungen der Handreichung hierzu wenig überzeugend. Im Verborgenen bleibt insbesondere, wo der Anreiz für ein Unternehmen liegt, eine Beschwerde einem Streitbeilegungsverfahren zuzuführen. Letztlich sind beide Verfahren interner Natur. Ein Streitbeilegungsverfahren ist richtigerweise nur dort sinnvoll, wo eine streitige Auseinandersetzung geführt wird – und auch nur dann, wenn der Vertraulichkeitsschutz gewährleistet und das Verfahren tatsächlich für den Meldenden freiwillig ist.

5. Dokumentation und Berichterstellung

a) Dokumentation als Grundlage des Menschenrechtsberichts, § 10 Abs. 1 LkSG

Der Menschenbericht nimmt innerhalb der Sorgfaltspflichten des LkSG zentrale Bedeutung ein, weil das Gros der Maßnahmen des BAFA auf (unterbliebenen) Angaben im jeweiligen Bericht fußen dürften. Der eigentlichen Berichterstellung geht dabei die Dokumentation zur Erfüllung der Sorgfaltspflichten logisch und gesetzessystematisch voraus, § 10 Abs. 1 LkSG.

---

68 UN-Leitprinzipien, Prinzip Nr. 31 regelt Wirksamkeitskriterien für außergerichtliche Beschwerdemechanismen.

Dabei ist Ziel der Dokumentation, eine Grundlage für vertiefende Prüfungen und den jährlichen Menschenrechtsbericht zu schaffen. Eine proaktive Offenlegung der Dokumentation erfolgt nicht, insbesondere muss sie nicht veröffentlicht werden. Daher sind auch sensible, der Geheimhaltung unterliegende Daten, insbesondere Betriebs- und Geschäftsgeheimnisse, dort zu dokumentieren. Das BAFA kann gemäß § 17 Abs. 1 LkSG Auskünfte verlangen.

Die Dokumentation hat unternehmensintern fortlaufend zu erfolgen und sie ist nach Erstellung sieben Jahre aufzubewahren. Die Einhaltung der Aufbewahrungsfrist ist bußgeldbewehrt (§ 24 Abs. 1 Nr. 9 LkSG); sie gibt zugleich aber Rätsel auf: Erfolgt die Dokumentation fortlaufend, muss bei strenger Lesart auch das Ende der Aufbewahrungsfrist für jedes in die Dokumentation eingestellte Informationselement gesondert ermittelt und überwacht werden. Das dürfte kaum händelbar sein, sodass eine Auslegung in Betracht zu ziehen ist, welche die Aufbewahrungsfrist jeweils auf einen Berichtszeitraum bezieht und für jeden Berichtszeitraum einen Jahresordner bildet. Auch diese Lösung überzeugt nicht restlos, weil sie Redundanzen nach sich zieht und bei mehrere Jahre überspannenden Vorgängen zu Brüchen führt. Es bleibt abzuwarten, welche Prozesse und technischen Lösungen sich auf diesem Feld entwickeln. Die anwaltliche Empfehlung geht dahin, Dokumentation eher länger als kürzer aufzubewahren und – soweit technisch machbar – die siebenjährige Aufbewahrungsfrist um ein gutes Stück zu verlängern.

b) Menschenrechtsbericht

Der jährliche Menschenrechtsbericht dient zwei Zielen: Er soll Transparenz für die Öffentlichkeit schaffen und dem BAFA fortlaufend als Grundlage der eigenen Kontrolle dienen.

Der Bericht ist daher sowohl auf der Internetseite des Unternehmens für mindestens sieben Jahre kostenfrei zu veröffentlichen sowie beim BAFA – auf elektronischem Wege, § 12 LKSG – einzureichen. Veröffentlichung und Einreichung haben grundsätzlich innerhalb der ersten vier Monate eines Geschäftsjahrs für das vorherige Geschäftsjahr zu erfolgen (§ 10 Abs. 2 LkSG).

In Unternehmensverbünden mit mehreren Unternehmen, die dem LkSG unterfallen, ist jedes Unternehmen zur Einreichung eines eigenen Menschenrechtsberichts verpflichtet.[69] Im Rahmen der Berichterstellung ist Delegation aber ebenso zulässig, wie die wortlautidentische Verwendung von Berichtsbestandteilen eines anderen Unternehmens sowie die Nutzung gemeinsamer Dokumentation und Ressourcen (bei unverändert voller Verantwortlichkeit der jeweiligen berichtspflichtigen Unternehmen).

§ 10 Abs. 2 S. 2 LKSG regelt die Berichtspunkte. Dabei gilt aber: Hat das Unternehmen keine Risiken festgestellt und dies in seinem Bericht plausibel dargelegt, sind keine weiteren Ausführungen erforderlich (§ 10 Abs. 3 LkSG). Im Bericht ist, anders als bei der Dokumentation, der Wahrung von Betriebs- und Geschäftsgeheimnissen Rechnung zu tragen, da dieser nicht nur an das BAFA, sondern auch an die Öffentlichkeit gerichtet ist (§ 10 Abs. 4 LkSG). Dabei ist es nicht notwendig, gegenüber dem BAFA mehr Informationen zu erteilen als gegenüber der allgemeinen Öffentlichkeit.[70]

c) Grundzüge des Verfahrens der Online-Berichterstellung

Dem jährlichen Menschenrechtsbericht gemäß § 10 LkSG kommt, wie gezeigt, zentrale Bedeutung als Ausgangspunkt der behördlichen Kontrolltätigkeit zu.[71] Vorgesehen ist, dass der Bericht elektronisch über einen von der Behörde bereitgestellten Zugang eingereicht wird (§ 12 Abs. 1 LkSG). Das BAFA entwickelt darüber hinaus eine elektronische Plattform, auf der die Berichte durch Beantwortung eines strukturierten Fragenkatalogs halbautomatisch erstellt und dann eingereicht werden können. Die Einzelheiten sind noch offen. Das BAFA erwartet durch diesen Standardisierungsansatz eine Effizienzsteigerung bei Erstellung und Prüfung der Berichte. Dabei ist der Bericht in zwei Varianten möglich: Im Rahmen einer verkürzten Berichtspflicht (vgl. § 10 Abs. 3 LkSG) sowie in vollständiger Form.

---

69 Vgl. Fragenkatalog des BAFA zur Berichterstattung gemäß § 10 Abs. 2 LkSG, Stand 22.11.2022, S. 2.
70 Das ist auch kohärent, da sonst die Gefahr bestünde, dass über § 1 Abs. 1 IFG die Geschäftsgeheimnisse doch an die Öffentlichkeit gelangen.
71 § 19 Abs. 2 LkSG „risikobasierter Ansatz".

Die Veröffentlichung des Fragenkatalogs, wie er künftig dann elektronisch auf der BAFA-Plattform umgesetzt werden soll, dient vor diesem Hintergrund dazu, den Unternehmen zu ermöglichen, sich auf den Prozess der Berichterstellung vorzubereiten und im Vorfeld auch Feedback zu den Fragen aus der Wirtschaft einzuholen. Bereits kurz nach Erlass des Fragebogens gab es eine erste Revisionsrunde.[72]

Mit Blick darauf, dass das BAFA zuletzt mitteilte, dass die Berichtsprüfung nicht vor dem 1. Juni 2024 startet, ist vermutlich erst zum Ende des Jahres 2023 mit der Aktivierung des Online-Fragebogens zu rechnen, sodass eine Reihe praktischer Fragen offen ist, etwa: Sind mehrere Bearbeiter möglich? Besteht die Möglichkeit zur Zwischenspeicherung? Besteht eine Ausdruckmöglichkeit? Besteht eine Kontroll- und Verbesserungsmöglichkeit? Können im Prozess/zum Bericht Fragen an das BAFA gerichtet werden? usw.

Es wird diskutiert, ob die Unternehmen eine Pflicht trifft, den Online-Fragebogen des BAFA auch zu nutzen. Dagegen spricht, dass §§ 10 Abs. 2 S. 2, 12 LkSG nur die elektronische Einreichung des Menschenrechtsberichts vorschreiben. Die Erstellung regelt das LkSG nicht, sodass es jedem Unternehmen überlassen bleibt, einen individuellen Menschenrechtsbericht zu verfassen.

Problematisch ist ferner, dass aufgrund der zu erwartenden Default-Einstellungen in der Benutzerführung die wahrheitsgemäße Verneinung von Fragen automatisch zur Annahme einer ordnungswidrigkeitenrechtlichen Verantwortung führen dürfte, vgl. etwa Frage 30: *„Waren für den Berichtszeitraum Zuständigkeiten für die Überwachung des Risikomanagements festgelegt? Single Choice: Ja oder Nein. Falls Nein: Begründen Sie Ihre Antwort."* Eine wahrheitsgemäße Verneinung der Frage kommt einem Geständnis gleich, den Tatbestand des § 24 Abs. 1 Nr. 1 LkSG verwirklicht zu haben. Demgegenüber verweist die Präambel des Fragenkatalogs auf bestehende Aussageverweigerungsrechte. Eine Berufung auf ein Aussageverweigerungsrecht wird aber – in Anbetracht des risikobasierten Ansatzes gemäß § 19 Abs. 2 LkSG – wiederum Ermittlungen der Behörde nach sich ziehen. Ein Dilemma für den betroffenen Nutzer des Online-Fragebogens.

---

72 Aktueller Stand des Fragebogens, Revision 1.1, 22.11.2022.

Auch was den gesetzlichen Schutz von Betriebs- und Geschäftsgeheimnissen anbelangt, § 10 Abs. 4 LkSG, ist der Katalog in einigen Punkten übergriffig. Das betrifft Fragen zu strategischen Themen, etwa Fragen 43ff, oder Frage 205 zur Gestaltung von Geschäftsbeziehungen (Lieferzeiten, Einkaufspreise, Dauer von Vertragsbeziehungen). Die Präambel des Fragebogens erteilt hierzu den Hinweis, dass Geschäftsgeheimnisse in Antworten ausgelassen werden können. Die Praktikabilität dieses Ansatzes muss sich in der Praxis erweisen. Berichtspflichtige Unternehmen sollten jedenfalls auf den Schutz ihrer Betriebs- und Geschäftsgeheimnisse bei erstmaliger Nutzung des Online-Fragebogens ganz besonders achten, um keine nachteilhaften Präzedenzfälle zu schaffen.

V. Supply Chain Compliance als Herausforderung der Zukunft

Im Bereich der Lieferkettencompliance[73] bahnen sich Entwicklungen an, die das LkSG blass aussehen lassen werden. Die Wirtschaft steht vor weiteren und durchaus kostspieligen Compliance-Kosten.

Auf den Entwurf der CSDDD wurde bereits hingewiesen. Eine europäische Harmonisierung ist aus Sicht der deutschen Wirtschaft zu begrüßen, um eine Vertiefung etwaiger Wettbewerbsnachteile im Verhältnis zu anderen europäischen Staaten zu vermeiden. Die CSDDD orientiert sich in vielen Bereichen am LkSG, sodass der Umsetzungsaufwand überschaubar sein dürfte. Es gibt aber auch gravierende Unterschiede. Der vielleicht Wichtigste – neben dem deutlich erweiterten personellen Anwendungsbereich: Der CSDDD-Entwurf sieht eine direkte zivilrechtliche Außenhaftung bei der Verletzung von Sorgfaltspflichten vor.[74]

---

73 Generell kritisch zum Wertschöpfungsrecht, Spindler ZHR 186 (2022), 67, 22 f.
74 Die Allgemeine Ausrichtung des Rates zur Richtlinie über die Sorgfaltspflichten von Unternehmen im Hinblick auf die Nachhaltigkeit, Interinstitutionelles Dossier: 2022/0051 (COD) stellt die zivilrechtliche Haftung nicht grundsätzlich in Frage, hat aber die Anforderungen hieran in Art. 22 im Vergleich zum Kommissionsvorschlag nochmals angehoben; zu alldem Spindler ZHR 186 (2022) 67, vgl. dortige Thesen zum geltenden Recht, und bejahend, dass in CSDDD

Stephan Schäfer

Neben dem CSDDD-Entwurf kündigen sich weitere gesetzliche Neuregelungen an (oder sind teilweise bereits in Kraft), die auf die Vertragsgestaltung in Lieferantenbeziehungen von großer Bedeutung sein werden und deren systematisches Verhältnis der Klärung bedarf (Regelungen zu Taxonomie, Nachhaltigkeitsberichterstattung, Hinweisgeberschutz; entwaldungsfreien Lieferketten und vielem mehr)

Einen besonders guten Blick in die mögliche Entwicklung des Lieferkettenrechts ermöglicht indes der jüngst vorgestellte Entwurf einer europäischen Zwangsarbeitsverbotsverordnung: Dieser knüpft erstmalig nicht mehr unternehmens-, sondern produktbezogen an: Produkte, die aus Zwangsarbeit stammen bzw. Bestandteile enthalten, die aus Zwangsarbeit stammen, sollen in der EU nicht mehr in Verkehr gebracht werden dürfen. Ein Produkt, das (teilweise) unter Zwangsarbeit hergestellt wurde, wird dann im Ergebnis wie ein Produkt behandelt, das Glassplitter enthält. Betroffen sind keinesfalls nur große Unternehmen. Das eröffnet viele Folgefragen, insbesondere auch des Verhältnisses zum Entwurf der CSDDD. Dabei dürfte das Zwangsarbeitsverbot nur ein erster Schritt sein und weitere Tatbestände können folgen.

---

der EU eine entsprechende Kompetenz zur Regelung einer Haftungsnorm zukommt, dort. S. 118. HSI Schriftenreihe LkSG zur Nutzbarmachung von § 11 LkSG durch Gewerkschaften auch ohne klaren Haftungstatbestand.

Lieferkettensorgfaltspflichtengesetz – Umsetzung der Sorgfaltspflichten in unmittelbar und mittelbar betroffenen Unternehmen

Lena Meinders

Längst reicht es den meisten Verbrauchern nicht mehr zu wissen, wo welche Produkte zu welchem Preis zu finden sind. Ein Großteil der Gesellschaft hinterfragt zunehmend Unternehmen, Marken und Produkte im Hinblick auf ihre Auswirkungen auf Gesellschaft und Umwelt. Besonders Tierwohl, Nachhaltigkeit und die Umweltauswirkungen der Lebensmittelproduktion stehen zunehmend im öffentlichen Fokus, wie die AFC-Issue-Monitor Reports der vergangenen Jahre zeigen. Hierbei beschäftigten die Öffentlichkeit insbesondere die Arbeitsbedingungen in den Anbau- oder Produktionsländern, die Umweltzerstörung durch die Landwirtschaft und auch die Klimaauswirkungen der Produktion.

Vermehrt rückt dabei die Frage in den Vordergrund, zu welchen Bedingungen etwas hergestellt wurde. Dies nicht zuletzt, weil innerhalb immer komplexer werdender Lieferketten regelmäßig Missstände wie Diskriminierung, Zwangs- oder Kinderarbeit aufgedeckt werden. Beispielsweise erstattete das European Center for Constitutional and Human Rights im vergangenen Jahr Strafanzeige gegen Lidl, Aldi und Co. wegen Mithilfe bei Verbrechen gegen die Menschlichkeit. Vorwurf: Die Unternehmen sollen direkte oder mittelbare Lieferbeziehungen zu Textilfirmen gehabt haben oder weiter unterhalten, die in das staatliche Zwangsarbeitsprogramm in Xinjiang involviert sind. Ein Vorgeschmack auf das, was vielen Unternehmen der Agrar- und Ernährungsbranche droht. Denn der Vorwurf lässt sich so oder so ähnlich auf viele Lieferketten übertragen.

Aber nicht nur NGOs, Medien und Verbraucher erhöhen hierbei kontinuierlich den Druck auf die Agrar- und Ernährungsbranche. Auch der Gesetzgeber möchte mit dem neuen Gesetz über die unternehmerischen Sorgfaltspflichten in Lieferketten (LkSG) dahingehend vorbeugen, grundlegende Menschenrechte schützen und Transparenz entlang der Wertschöpfungskette schaffen. Um Risiken zu minimieren, müssen alle Unternehmen der Branche handeln und sich mit den Problemen in ihren Lieferketten auseinandersetzen – kleine Unternehmen wie große Konzerne.

Je globaler eine Lieferkette ist, desto unbemerkter und schneller kann es in ihr zur Verletzung grundlegender Menschenrechte und Umweltschädigungen kommen, besonders auf den untersten Ebenen. Genau dort setzt das LkSG an. Dieses war lange gefordert und wurde am 11. Juni 2021 vom deutschen Bundestag verabschiedet. Das Gesetz greift ab dem 1. Januar 2023 zunächst bei Unternehmen mit mindestens 3.000 Beschäftigten, ab dem 1. Januar 2024 dann bereits ab einer Unternehmensgröße von mindestens 1.000 Beschäftigten. Die in dem Gesetz beschriebenen Sorgfaltspflichten betreffen beispielsweise den Schutz von Kindern, die Vereinigungsfreiheit, die Einhaltung von Mindestlohnregelungen oder umweltbezogenen Pflichten, sofern diese dem Schutz der menschlichen Gesundheit dienen.

Der Rahmen, innerhalb dessen die Sorgfaltspflichten erfüllt werden müssen, ist durch das LkSG vorgegeben. So haben die betreffenden Unternehmen eine Risikoanalyse durchzuführen, in der die prioritären menschenrechtlichen und umweltbezogenen Risiken entlang der Wertschöpfungskette identifiziert werden sollen. In der Praxis beinhaltet dies auch eine mindestens jährliche Risikobewertung sowie – sofern Verbesserungsbedarf besteht – die Ableitung von Abhilfemaßnahmen. Dabei werden die Unternehmen zumindest im eigenen Geschäftsbereich zum Erfolg der Maßnahmen in Form von unmittelbarer Beendigung der Menschenrechtsverletzung verpflichtet. Bei unmittelbaren Zulieferern muss ein konkreter Aktionsplan erstellt und umgesetzt werden, wenn die Verletzung nicht in absehbarer Zeit beendet werden kann. Jene Risiken zuzüglich der geeigneten Präventions- und Abhilfemaßnahmen sind auch Bestandteil der Grundsatzerklärung, die verpflichtend abzugeben ist. Zudem ist ein Beschwerdeverfahren zu implementieren, das sowohl Betroffenen als auch Dritten die Möglichkeit gibt, auf vertraulicher Basis Verstöße zu melden. Eine nachvollziehbare Berichterstattung der Risiken, Maßnahmen und deren Wirksamkeit soll schließlich die Transparenz sicherstellen. Dieser Bericht muss nicht nur jährlich beim Bundesamt für Wirtschaft und Ausfuhrkontrolle (BAFA) eingereicht, sondern auch auf der Unternehmenswebseite veröffentlicht werden. Auch wenn das Gesetz zunächst nur große Unternehmen in die direkte Verantwortung nimmt, werden KMUs ganz unweigerlich von den Konsequenzen betroffen sein, denn die Verantwortung von Großunternehmen erstreckt sich nicht mehr nur auf den eigenen engsten Wirkungskreis, sondern auch auf alle unmittelbaren Zulieferer und teilweise sogar auf mittelbare Zulieferer. Letztere sind laut LkSG jener Part der Wertschöpfungskette, deren Zulieferung für die Herstellung des entsprechenden Produktes zwar unerlässlich ist, die jedoch über keine direkte Vertragsbeziehung zum Unternehmen verfügen. Besonders bei komplexen und internationalen Lieferketten könnte es also dazu kommen, dass bis in die landwirtschaftliche Erzeugung in den Ursprungsländern auf die Einhaltung der Menschenrechte geprüft werden muss. Bei mittelbaren Zulieferern gilt dies allerdings nur anlassbezogen, wenn ein Unternehmen von einem konkreten Verstoß erfährt. Doch zumindest die direkten Vertragspartner werden Großunternehmen schon bald im Rahmen von Lieferantenaudits oder anderen Auswahlprozessen darlegen müssen, inwieweit sie die Anforderungen des LkSG einhalten können, um diese nicht als Kunden zu verlieren. Werden die Anforderungen nicht eingehalten und kommt es zu Verstößen, kann dies teuer werden: Die verhängten Bußgelder liegen bei bis zu zwei Prozent des weltweiten konsolidierten Jahresumsatzes und können damit in die Millionenhöhe gehen. Auch ein Ausschluss von öffentlichen Vergaben von bis zu drei Jahren kann drohen.

Für die praktische Umsetzung bedarf es den Input verschiedener Unternehmensfunktionen. Der wohl schwierigste und komplexeste Teil der Sorgfaltspflichten, das Risikomanagement, fordert Kompetenzen, die in der Compliance-Abteilung klassischerweise vertreten sind. Thematisch fallen Menschenrechte und Umwelt jedoch eher in den Bereich Nachhaltigkeit oder CSR, der Kontakt zu den Lieferanten wiederum in die Einkaufs- und Supply-Chain-Abteilung. In das geforderte Beschwerdemanagement wird in jedem Fall auch das Knowhow von IT und Datenschutz mit einfließen, aber auch Personalabteilung und Betriebsrat sollten involviert werden. Über all dem fällt es den Leitungsorganen der Unternehmen zu, die Verantwortlichkeiten innerhalb der beteiligten Fachabteilungen zu regeln. Nur eine enge und interdisziplinäre Zusammenarbeit zwischen diesen Bereichen ermöglicht es demnach, alle für diese umfangreiche Aufgabe benötigten Kompetenzen abzubilden.

Autoren und Herausgeber

Judith Deflorin, Leiterin Fachbereich Marktzutritt, Bundesamt für Lebensmittelsicherheit und Veterinärwesen

Sabine Felix, Referentin Logistik, Tafel Deutschland e.V.

Dr. Christine Görgen, Leitung Strategie und Grundsatzfragen, Tafel Deutschland e.V.

Michael Griese, Group Legal Counsel bei Robert Schüler Versicherungsmakler GmbH & Co. KG

Prof. Dr. Markus Grube, Rechtsanwalt und Fachanwalt für Gewerblichen Rechtsschutz, Grube · Pitzer · Konnertz-Häußler Rechtsanwälte

Stephan Ludwig, Amt für Veterinärwesen und Verbraucherschutz beim Landratsamt Göppingen

Lena Meinders, Senior Consultant, AFC Risk & Crisis Consult GmbH

Ministerialrätin Dr. Anke Niederhaus, Dipl.-Lebensmittelchemikerin, Bundesministerium für Ernährung und Landwirtschaft

Prof. Dr. Ulrich Nöhle, öff. best. u. vereidigt. Sachverständiger für Lebensmittelsicherheit, -hygiene und -chemie, Honorarprof. für industrielles Qualitätsmanagement

Dr. Stephan Schäfer, Fachanwalt für Handels- und Gesellschaftsrecht, ZENK Rechtsanwälte